U0057843

多元文化與族群關係

劉阿榮◎主編

序

十五、六世紀以降，民族主義不僅在各國內部成為重要的力量，也隨著航運大通而遍及世界各地，尤其近百年來國內和國際的種族、政治、經濟衝突，更是全球關注的焦點。

台灣地區近三、四百年來，漢人移入漸多，對原住民生存發展與文化傳承，產生了極大的衝擊；而漢人之移入，又因歷史時間、地理空間的不同，存在著閩南（河洛）人、客家人、外省人（新住民）等族群差異。近年來外籍人口（外籍勞工和外籍配偶)移入有增多之勢。所謂「新五族（原住民、閩南人、客家人、新住民、新移民）共和」，不應僅只是流於口號，而是一種族群關係的理想境界。

族群關係的研究，愈來愈受重視，本書特別選輯若干篇論文，提供有興趣或關注這些議題的朋友參考。這些論文（依時間先後）曾在元智大學、台灣大學、台灣師大、中央大學等相關學術研討會上發表、討論，並經審查、修改後採用。由於有些論文修改的時間較長；也有若干議題的論文未臻理想而從缺，以致本書在出版時間上有所延誤（本來計畫在 2006 年上半年出版，延到下半年）；在內容上也無法涵蓋五個族群，而只偏重在原住民及客家族群。雖然如此，本書各篇所述內容，包含族群關係、憲法中弱勢族群的權益、族群永續發展與法律規範、族群、語言、藝術及文化產業……各方面的理論與實際，頗具參考價值。

本書之出版，要特別感謝各篇作者們的努力與創見；揚智出版社在編輯出版工作方面的大力協助；尤其能獲得元智大學所支持的「重點發展計畫」及教育部「頂尖大學計畫」內容項目之經費支持，特此致謝。

劉阿榮　謹識於元智大學人文社會學院

2006 年 9 月

目 錄

多元文化與族群關係：臺灣的抉擇

賴澤涵*、劉阿榮**

* 玄奘大學講座教授。

**元智大學社會系教授兼人文社會學院院長。

壹、引言：文化與族群

臺灣在歷史文化上，與中華歷史宋代以來有密切的關係；並受荷蘭、日本等異民族、異文化之影響。從世界體系（world system）來看，臺灣處於大陸文化與海洋文化的交會要衝，早在十六、七世紀，就逐漸融入世界經貿交通的一環；十九世紀中葉以降，日本派兵侵台的「牡丹社事件」(1874 年)；中、法安南之戰，法軍攻基隆、滬尾(今淡水)(1883-84 年)；中日甲午戰爭簽訂馬關條約（1894-95），臺灣成爲日本殖民統治地區而進行「日本皇民化」，一九四九年國民黨領導的「中央政府」遷台，一方面進行「去皇民化」，另一方面則推展「中國化」、「中原文化」而壓抑了臺灣「本土化」。此時間，在歐美主導戰後復原與獨立建國的「現代化」(modernization)氛圍中，真正影響臺灣核心的價值體系，其實是「西化」(歐美)及若干程度的「東洋化」(日本)[1]。雖然在臺灣執政半個多世紀的中國國民黨提出「三民主義」、「復興中華文化」等政治文化與符號，但隨著威權轉型與本土意識的擡頭，晚近十餘年來，「去中國化」而強調臺灣本土化的思想盛行，復以「全球化」浪潮侵襲，歐美日強勢政治、經濟、文化……影響臺灣地區既深且廣。

居住在臺灣地區的人民，由於歷史遷移的「先來後到」，以及語言、地域、政治權力、經濟利益、教育過程……之差異，形成不同的族群，

---

[1] 本文藉用近代「發展社會學」的觀點，描述近三、四百年來臺灣的海洋位置較早納入世界體系的經貿網絡；而二次大戰以還，歐美提倡「現代化」的發展模式，臺灣是否陷於如 Dos Santos 所謂的「依賴情境」，或是 R. E. Barret & M. K. Whyte 所謂依賴的「異例」，學術界頗多討論（蕭新煌編，1985；丁庭宇、馬康莊譯，1986：65-83；龐建國，1993；Dos Santos, 1970: 231-236; Evans, 1997; Waller Stein, 1974; 1979; 1980）。雖然尚無定論，但至少呈現出臺灣近代政經發展與文化取向的複雜面貌。

進而凝聚不同的族群意識，發展差異的族群認同與國家觀念。當統治階層具有優勢的支配力量時，往往強勢主導或灌輸其意識形態與政治文化，意欲形塑一元化社會與文化霸權[2]，例如前述皇民化、中國化、臺灣化……正反映出統治優勢的心態與作為。然而，就廣大民眾而言，殖民統治的結束，「去殖民」、「去皇民化」乃必然趨勢；威權統治之式微，自由、民主與多元化乃應運而生。只有「前朝遺老」的懷舊心情，每興「不食周粟」之歎；「既得利益」的特權消失，常起抗拒新政治秩序之心[3]，當前臺灣地區仍存在著上述種種複雜的社會心理，間接影響了族群關係與國家認同。

由上可知，台臺灣地區過去不同的歷史文化，形塑不同的族群意識，而每一時期統治者，往往以其主流／優勢的政治文化或意識形態，來進行「政治社會化」（political socialization）[4]，在歷史的累積下，當前臺灣的多文化、多族群現象，是一種客觀存在的事實，憲政民主的運作，不

---

[2] 霸權（hegemony）概念來自義大利共產黨員，「西方馬克思主義」者葛蘭西（A. Gramsci, 1971）指出：「統治集團透過社會行使的『霸權』職能，另一方面通過國家和『司法』政府所行使的『直接統治』或管轄職能。」（曹雷雨等譯，2000：7）國家不但擁有完整的武力（暴力）強制，如軍隊、警察、法庭、官僚機構……使人民「服從」其統治；更須對市民進行意識形態的「霸權」支配，以形塑馴服於統治者的意識形態，獲得被統治者的「受治」（consenso）同意。

[3] 若干懷念日本的統治者，迄今仍以說日語、唱日本軍歌為其生活的一部分，其反抗國民黨威權統治的心理，往往夾雜著政治的不滿與認同消失的不捨。同樣地，若干人抗拒「政黨輪替」的憲政民主常軌，亦隱含權勢消失與認同虛無的心理焦慮。

[4] 所謂政治社會化（political socialization），據 A. Ranney 解釋：「人們習得政治取向（political orientation）和行為模式的發展過程，也是將初級團體和品類團體的成員身分轉化成政治態度和個人行為的主要過程。」（林劍秋譯，1991：67）

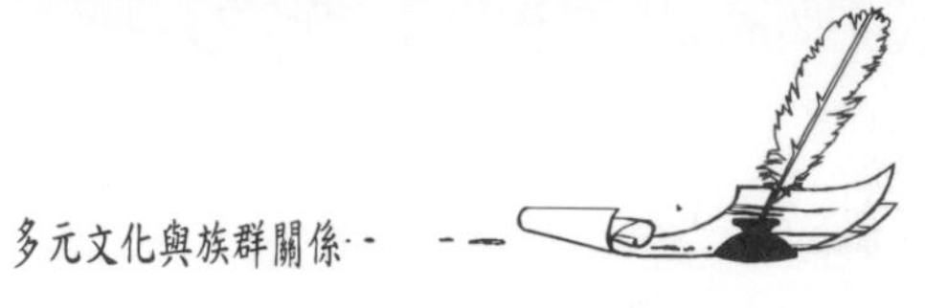

同政黨、利益團體，更催化了族群關係的緊張與國家認同的紛歧。有鑒於此，本文以「多元文化與族群關係」爲題，意欲論述何者爲臺灣最佳之抉擇？論述重點分爲五節：第一節「引言」。說明臺灣地區在經歷不同族國統治及與異文化接觸之下，形成語言、文化、族群的多樣性。第二節「文化與文化羅聚形態」。論述文化意涵，並說明文化分子由「自我」概念形成，進而與他人、自然環境、超自然意境的文化羅聚形態；再指出文化作爲族群成員的終極信仰、認知系統、規範體系、表現體系、行動體系的五個次級系統（subsystems）。第三節「族群關係的理論模式」。檢視了：(1)同化論或融合論；(2)自決論或獨立論、分離主義兩大理論模式的意涵與後設基礎，並分別陳述其理論之局限與不適於當前臺灣地區的政治社會現況。第四節「多元文化主義與族群關係」。闡明多元文化主義的精義，進而論述此一理論模式，對於處理族群關係的參考價值。第五節結論。說明當前臺灣族群與文化的抉擇。

貳、文化與文化羅聚形態

文化與民族有密切的關係，民族的存在及發展，不僅受到文化所制約，族群關係之和諧與否，也與其文化特徵有關。因此，文化的意涵及羅聚形態必須加以釐清，才能進一步敘述多元文化與族群關係。

一、文化的意涵

文化（culture）與文明（civilization）是兩種相近的概念，例如愛德華（P. Edwards）主編的《哲學百科全書》（*The Encyclopedia of Philosophy*）就將「文化」與「文明」兩詞合列，相提並論（沈清松，1998：28）。在東、西方歷史發展過程中，各有其不同的指涉，不過吾人常將其相互連

結或交替運用。

文化（culture）一詞，在中國古籍中是指「觀夫人文以化成天下」，《易經賁卦》有云：「剛柔交錯，天文也。文明以止，人文也。觀夫天文以察時變；觀夫人文以化成天下。」簡言之，觀察自然現象的變化，以瞭解人處於自然環境的生存之道；觀察人類社會的人際互動與社會規範，使天下之人共同在聖人的教化下安居樂業。因此，中國古代「文化」一詞強調的是人文、文明、教化等意涵，而現代則比較偏重西方對文化的詮釋。

西方世界對文化有兩層意義來源：第一個意義來自拉丁文的 cultura，原義指土地耕種，後來轉義爲「心靈之修養」（cultura animi），亦即心靈如土地般，若不勤以修煉（時時勤拂拭），則會流於粗鄙，反之若勤加進德修業，將能活潑優雅，成爲有文化、有德行修養的人。此類文化意義爲哲學家、教育家、人文主義者所樂道。

第二個意義是來自拉丁文的 civil，爲「文明」（civilization）一詞之字源，原先指「公民」之意，此較強調個人在團體中的隸屬，隸屬於一個民族、一個社會、一個團體，又因民族有文明／野蠻之別，文明也就成爲社會學者、人類學者所用來描述一個族群、社會之思想、行爲模式、價值體系及技術等。此種概念爲社會學、人類學所常用（沈清松，1998：28-30）。

基本上文化的定義與概念相當分歧，美國人類學者克魯伯（A. L. Kroeber）和克羅孔（Lybe Kluckhohn）合著的《文化：概念和定義的批判和檢討》（*Culture: A Critical Review of Concepts and Definitions*），曾列舉了一百六、七十種關於文化的定義（Kroeber and Kluckhohn, 1963；殷海光，1966：30-46；沈清松，1998：28）。殷海光將其歸納爲六組定義：(1)記述的定義；(2)歷史的定義；(3)規範的定義；(4)心理的定義；(5)架構的定義；(6)發生的定義。並引述其中四十餘種學者的定義加以評論（殷海光，1966：30-42）。吾人認爲殷海光所謂文化不限於「文明人」，所謂

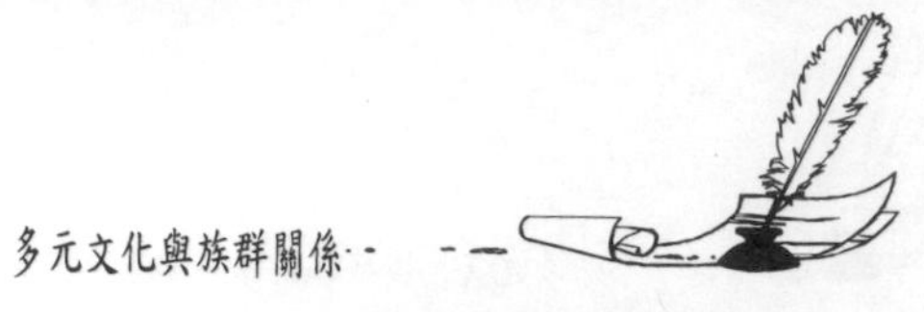

「野蠻人」也同樣有文化，而且「文明」與「野蠻」往往是出於「自我重要感」投射於「我族中心主義」，視自己為文明，看他人為野蠻，這是不客觀且毫無科學意義的（殷海光，1966：44）。今日吾人討論臺灣文化、中國文化、乃至世界文化的意義與價值，自當袪除「我族中心主義」的民族／文化優越感，而肯認文化的多元性、差異性，尊重各族群文化之特色，才是一個成熟的「公民社會」應有態度（劉阿榮，2002：155-156）。

二、文化羅聚形態與次級系統

文化是由居住於某一地域的成員，就其「自我」與「環境」的交感互動中，孕育而成。《易繫辭》曰：「古者庖犧氏之王天下也，仰則觀象於天，俯則觀法於地，觀鳥獸之文，……以通神明之德，以類萬物之情。」此說明：觀於天文，察於地理，故能「彌綸天地之道」、「知幽明之故」。中、西各民族，乃至許多少數民族的民族起源與文化孕育，大都由此羅聚。殷海光詮釋一個文化分子的「自我」概念形成，是從其所處的三種關係（人與人的情境、人與自然環境、人與超自然意境）共同構成的，並以三角形來表示，稱之為「文化的羅聚形態」，如下圖 1-1 所示（殷海光，1966：65）：

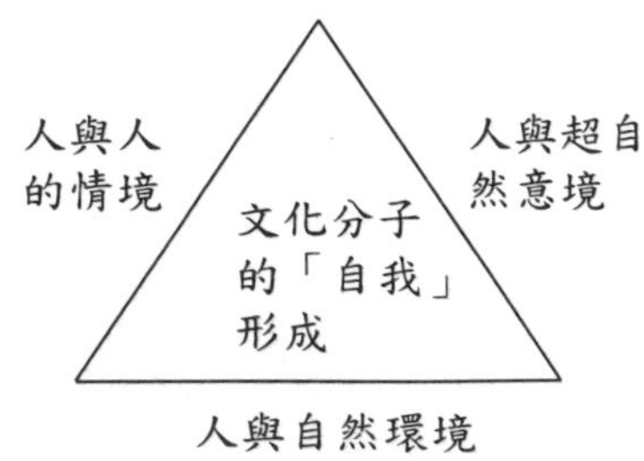

圖 1-1　文化的羅聚形態

資料來源：殷海光（1966：65），並略加修改。

首先，文化分子的「自我」是人與他人互動的人際關係所形成，此一關係可以從人的尊敬、友誼、厭惡反應出來。不同族群文化在處理人際關係上有不同的優先順序，例如西方人普遍持法、理、情；中國人講究情、理、法。其次，人與自然環境關係，指的是對自然資源：大地、河川、山石、草木之態度，開發主義者強調「人定勝天」，開物成務；環境生態主義者持順應自然，一體和諧。第三，人與超自然意境，是指人對自己所信奉的宗教、道德價值等信念。由此間接發展出對其他族群、其他文化的態度，表現出平等和諧或優越自大的文化意識。

由上可知，文化羅聚形態是由人與人的情境、人與自然環境、人與超自然意境三種關係所建構，尤其台灣處於海洋與大陸交會的地理位置，經歷不同時期各個民族、各國家、各種文化的融合，當然呈現多元而複雜的文化內涵，沈清松根據比利時魯汶大學哲學教授賴醉葉（J . Ladriere）對「文化」定義的表象、規範、表現、行動四大系統，進一步加以修正闡釋，提出了終極信仰、認知系統、規範系統、表現系統，和行動系統等五個次級系統（subsystems），並闡述其意涵（沈清松，1998：33-35 ）：

1.終極信仰：是指一個歷史性的生活團體的成員，由於對人生與世界之究竟意義之終極關懷，而將自己的生命所投入之最後根基。

2.認知系統：是指一個歷史性的生活團體（例如漢族或其他族群），認識自己和世界的方式，並由此而產生一套認知體系，和一套延續並發展其認知體系的方法。

3.規範系統：是指一個文化團體，依據其終極信仰，和自己對自身與對世界的瞭解（亦即其認知系統），而制定的一套行爲規範，並依據這些規範而產生一套行爲模式。

4.表現體系：旨在用一種感性的方式，來表現該生活團體的終極信仰、認知體系和規範系統，因而產生了各種文學與藝術作品。

5.行動系統：指的是一個歷史性的生活團體之成員，將其信念轉化爲

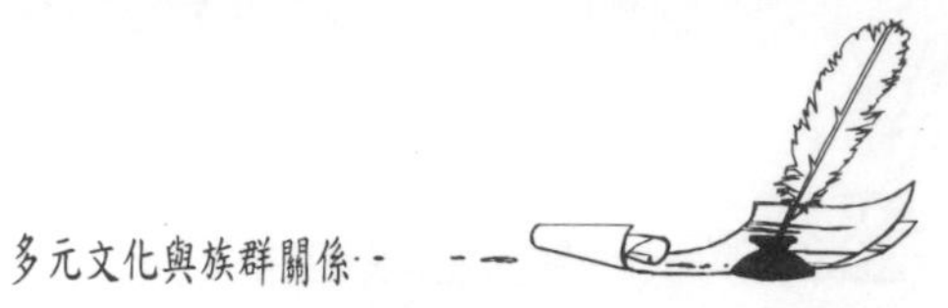

行動，以及對於自然和人群所採取的開發或管理的全套辦法。

吾人根據上述五個次級系統分析，臺灣地區的幾個主要族群，具有「大同小異」的特性。例如，受儒家文化影響，重視仁義道德，崇尚誠樸勤儉……無論閩南人、客家人、原住民、新住民（外省人）……皆表現在上述相似的信仰、認知、規範、表現行動體系（此可謂「大同」)。而語言差異、飲食及生活習慣之不同，亦呈現「小異」的情況。換言之，在文化意義層面上，所謂「中國人」／「臺灣人」／「新臺灣人」……並未呈現顯著的差異，亦難以做「客觀」的區分。因此，當前臺灣地區族群的紛歧與困擾，實來自「主觀」的族群意識與國家認同問題。吾人自當由族群關係的理論模式，做一回溯與探討。

參、族群關係的理論模式

族群（ethnic group）的概念在近代被廣泛使用，它比傳統上用部落（tribe）或種族（race）更適合於詮釋當代民族間的關係。因爲「種族」的概念強調血緣的相近；而「部落」的界定極爲複雜，楊逢泰分別引述 J. S. Coleman、C. J. H. Hayes、P. Bonanma 等各人不同的定義，而概括爲「部落是一群人民，具有共同語言、文化和領土。」「部落一方面是社會發展的一個過程，一方面是一種政治組織。」(邵宗海、楊逢泰、洪泉湖，1995：41-42）既然「種族」偏重於血緣，「部落」表現在政治組織與社會發展，因此用「族群」來詮釋，既不必陷入「民族」(nation）的廣義／狹義之分，或左派／右派之別[5]，又能更貼切地描述台灣地區的不同族群

---

[5] 「民族」(nation）原含有主觀的「民族意識」、心理認同及客觀的血緣要素與文化要素（歷史、 生活、語言、宗教、風俗）等等。但廣義的是含有上述若干主、客觀要素即視爲「民族」，狹義的意義比較強調上述主、客觀因素的普

特性，故本文採用此觀念。

所謂「族群」有些研究將其界定為：「族群是指假定屬於同一社會，共有文化，特別是共同語言的人群，並且是在世代不變的加以嬗傳。這一名詞是在二次大戰之後開始使用，以替代舊有的『部落』（tribe）及種族（race）等名詞。」（謝劍、郭冠廷主持，2002：2）根據 Ringer & Lawless（1989：5-6）的看法、族群的特徵表現在歷史的發展與文化的特殊性。事實上，「族群」的概念是由英文"ethnic groups"一詞翻譯而來，本來是人類學及社會學用來區別不同群體的單位，但此一名詞在台灣被「普遍使用與濫用」，甚至用來稱上班族、股票族（王甫昌，2003：3-4）。事實上，社會學者對族群有一些比較明確的定義：「族群是指一群因為擁有共同的來源，或者是共同的祖先、共同的文化或語言，而自認為、或者被其他的人認為，構成一個獨特社群的一群人。」（王振寰、瞿海源主編；1999。引自王甫昌，2003：10）這個定義包括客觀及主觀兩個標準：第一個是這群人「被認為」擁有的共同文化或是共同祖先與來源。這是強調「客觀因素」，族群有一些可以清楚看到的、與其他群體有不同血緣、文化特質。第二個界定的標準，是一個比較「主觀因素」：族群「自認為」構成一個獨特的社群，也得到其他的人認可。這其中牽涉到一個主觀上互相認定對方是不是構成一個族群團體的社會過程，也就是族群意識（王甫昌，1998：55；2003，10）。此種意識可以基於真實的共同祖先（血緣）、共同文化（語言、生活、宗教……）而凝聚；也可能是一種主觀的「想像」（imagination），這種想像可以從「社會互動關係中」學習而來（同前，頁 19）。

人類學者固然也有從「族群內涵」，去分析族群本質的客觀因素如血緣與文化；但更有採截然不同的角度，由「族群邊緣」去界定，「族群」是一種集體記憶（collective memory）或「社會記憶」（social memory）。

遍具備。而左派馬克思主義者即稱「民族」是資產階級的概念。

例如集體記憶理論的開創者 Maurice Halbwachs 認為：社會記憶或集體記憶是一種集體社會行為，現實的社會組織或群體（如家庭、家族、國家、民族、或一個公司、機關）都有其對應的集體記憶。我們的許多社會活動，經常是為了強調某些集體記憶，以強化某一群人組合的凝聚（引自王明珂，2001：46）。

另一個類似的觀點是「結構性失憶」（structural amnesia），早期人類學者 E. E. Evans-Pritchard（1940）提出東非的 Nuer 族忘記一些祖先或特別記得一些祖先，是其發展與分化的原則。而英國人類學者 P. H. Gulliver 研究非洲 Jie 族的親屬結構，觀察到他們家族的發展（融合或分裂），也以特別記得一些祖先及忘記另一些祖先來達成，因此 Gulliver 稱之為「結構性失憶」（引自王明珂，2001：45）。

一群人是否構成（建構）為一個「族群」，從集體記憶或結構性失憶觀點來看，人們可以因其「喜好」、「懷念」，透過各種儀式，或政治符號，或教育來強化這些集體記憶；也可以因為「厭惡」、「仇恨」而表現「結構性失憶」。在台灣、大陸乃至世界各地，許多所謂歷史事件紀念館（如二二八紀念館、南京日軍大屠殺紀念館戰役紀念館）均表現歷史記憶的作用。在另一方面，個人也在社會中與他人共同遺忘、追尋或創造過去（王明珂，2001：57），所以族群的概念可以是「建構」與「想像」的。

吾人檢視近代的相關文獻，雖然有各種不同的理論或名稱，例如「原生論」（primordialism）與「工具論」（instrumentalism）的分衍，前者指出族群認同乃「與生俱來」的，建立在客觀的有形文化與血緣基礎上，亦被稱為「本質論」；後者強調族群認同隨「情境」（context）而調整，也被稱為「況遇論」（circumstantialists），族群認同作為追逐集體利益的工具（故稱工具論），甚至是族群菁英為了競爭有限的資源而建構的，所以也被稱為「建構論」（constructivism）（林恩顯，1997：15；施正鋒，1998：10-11；Brubarker, 1996）。

王甫昌（1998：55-56；2003：10-12）則從「客觀認定法」及「主觀認定法」，來界定族群團體是一群擁有共同來源，或共同祖先、文化、語

言，而「被認爲」（客觀認定）或「自認爲」（主觀認定）構成一個獨特社群的一群人。「客觀認定法」比較接近於上述原生論、本質論；「主觀認定法」則充滿族群想像，比較接近於工具論、情（環）境論、況遇論、建構論。

王明珂（2001：24-40）指出「族群的客觀特徵論」（按：以人的體質特徵來判斷其族群身分，相近於上述原生論、本質論）不僅受到眾多批評，他以羌族的研究爲例，客觀的「族群特徵論」常陷入困境，於是他以主觀認同下的「族群與族群邊界」做思考，提出工具論者與根基論者之爭。另外，他認爲傳統研究典範偏重於族群的核心、內涵、規律、真實……概念，而忽略了邊緣、變異、虛構的人類文化現象，所以提出族群研究的邊緣理論：以集體記憶與結構性失憶，來詮釋族群認同。簡言之，由識別、描述「他們是誰？」轉移爲詮釋、理解「他們爲何要宣稱自己是誰？」（王明珂，2001：20-21）

簡言之，族群是在歷史過程中，在文化累積下、形成其族群特徵。此一見解正可用以描述臺灣地區不同歷史時期，與其他外國民族的文化接觸，而形成臺灣地區各族群的特徵；另外，也有一些論者認爲：「族群意識是一種受到經濟型態和社會結構等因素所形塑而成的意識，是理性抉擇的結果，是可以操縱的以及可變的，其表現是以情境爲基礎。」（吳祖田編譯，1995：21-23）此類「族群意識」，在歷史發展過程中，受到經濟和社會因素所形構，表現在政治上往往會產生比較特別的政治傾向，例如，美國農業州之黑人傳統上比較支持民主黨；臺灣的原住民、客家人在泛藍／泛綠的政黨傾向上，一般而言較支持泛藍，最明顯的是「外省族群」（或稱新住民），則支持泛藍的態度及比例就極爲明顯了[6]。

---

[6] 此例之原住民及客家人是指「平均得票率」而言，如以個別或少數意見較強烈的選民而論，泛藍／泛綠都有其「死忠」的支持者。至於，「外省族群」對中華文化與中華民國的認同較深，而對台獨較反感，因此支持泛藍而反對泛綠的

族群團體形成的因素甚多，一般學理上將其歸納爲兩類：第一類是「原生論」（primordialism）：即以族群原有之血緣與生活相近者爲基礎，進而融入更多之主客觀因素（如文化、民族意識等）。第二類是「環境」或「情境」論，亦有稱「工具論」者，此論派不過分強調血緣與生活背景的「原有共同基礎」，反而強調後天環境或特殊情況下，凝聚生命共同體的族群意識以作爲生存發展的基礎。例如強調「原生論」者，會以「閩」、「客」甚至「漳」、「泉」……爲族群團體的凝聚，而「環境論」或「情境論」者，會著重目前我們處境之艱難，不論來自哪一地區？哪一時期？以認同臺灣、臺灣優先或「新臺灣人」爲口號，例如「外獨會」（外省人台獨促進會）即是捨棄「原生論」而著重於「情境論」的心理。

族群意識有內在「凝聚力」；同時也存在著向外的「排拒力」，所謂「非我族類，其心必異」的心理，往往造成族群關係之緊張與衝突。如果不同族群之互動，僅限於經貿或文化層面，問題仍易解決，一旦涉及族國建構（state building）或「族國整合」（national integration）的強制過程與效忠認同問題，往往造成衝突甚或走向戰爭。西方許多國家建立或族國整合過程中，常出現「反抗」、「革命」的方式（劉阿榮，1992：96-97）。

處理族群關係的模式甚多，洪泉湖（1997：17-19）提出：同化，族群聯合並存，優勢族群統治，其他如大清除、強迫遷徙、族群互換……等都是。但一般歸納爲兩種主要的理論模式，還有介乎兩者之間不同程度的族群策略[7]。茲略述此兩種主要理論模式如下：

態度及比例極明顯。

[7] 謝劍、郭冠廷主持（2002：17）研究各國族群政策，歸納爲「同化」與「多元化」兩種模式，但又提出實際上介乎兩者間的策略。她們引述 M, Weiner（1971：185）的觀點認爲：基本上，達成國家整合的政策可分爲兩種：(1)消滅少數民族的固有文化特質，使其融入主流「民族」文化（所謂主流民族文化，往往是指佔優勢群體的文化）——這種政策通稱爲同化；(2)建立國家的集體認同，但不消滅其屬從群體的文化——這是種「異中求同」（unity in diversity）的政

第一種是同化（assimilation）或融合（melting-pot）理論。同化論是弱勢族群被「同化」於優勢族群之中，而認同於優勢（主流）民族文化；效忠於優勢族群所掌控的國家，最後弱勢族群的語言文化與族群主體性消失，完全同化於強勢主流族群。同化論是建立在不平等（強／弱）、不互惠（單向的、片面的）、不存在（弱者消失）、非自願（往往是強制的）……的基礎上，當然會造成反抗與流血衝突，甚至引起外力干涉。於是進一步修正為「融合論」，以「民族大熔爐」為號召，各民族或族群平等的、相互的、自願的融合為一新的民族。但族群間人口數與政經力量、文化水平不均，融合論須經長時間的熔合（如美國經歷兩百多年仍有族裔問題待解），而且最終融為一體，往往亦使人口較少或政經文化弱勢者消失其特色。半個世紀以來，臺灣因「推行國語運動」而禁止方言，是一種語言同化政策；近年來有人高唱「吃臺灣米．喝臺灣水，不會說臺灣話（閩南話）的中國豬滾回去」；「臺灣話就是福佬話（意味著客家話不算臺灣話）」……此類激越言論，都表現出優勢族群的自大心態與「同化論」取向。而所謂「新臺灣人」則隱含著「融合論」的預設。

第二種是自決（self-determination）論或「分離運動」、「獨立論」。早在一次大戰時，美國總統威爾遜即主張人群自覺，人民不能像「賭資」一樣隨列強之勝敗而轉移，人民有決定他們自己命運的權利。一九四八年聯合國通過《世界人權宣言》，為落實此一宣言，有兩項重要的「國際人權公約」，即《公民及政治權利國際公約》、《經濟、社會、文化權利國際公約》[8]，這兩項公約之第一條都是強調「民族自決」，並且單獨成為「第

策。但是，實際上，政治系統很少全力推行任一政策，而是介乎兩者之間，常常擷取兩種策略的成分。

[8] 1948 年《世界人權宣言》只是向世人「宣告」或「宣揚」其中的理想，但無約束力，必待相關之「國際人權公約」，且經相關國家批准後始生約束效力。上述兩國際公約（公民政治權利、經濟社會文化權利）於 1966 年聯合國大會第

一篇」，該條主要內容是：

> 所有民族均享有自決權，根據此種權利，自由決定其政治地位自由並自由從事其經濟、社會與文化之發展。二、所有民族得為本身之目的，自由處置其天然財富及資源，但不得妨礙因基於互惠原則之國際經濟合作及因國際法而生之任何義務。無論在何種情況下，民族之生計，不容剝奪（引自李龍、萬鄂湘，1992：184）。

受到上述「國際人權公約」所揭櫫的「民族自決權」鼓舞，許多民族走向「分離運動」或要求「獨立建國」，因此，民族自決的意涵，在國際政治上包括了四個面向：「(1)指民族或少數民族獲得獨立或高度自治狀態的一種過程；(2)指已被建立之國家內少數民族或殖民地區有要求獨立或自決的權利；(3)指一個已被建立之國家有決定其自身之政府形式與施政方針之自由和自治權；它意謂一個政府在獲得獨立之後，有免除外在影響與壓制的自由；(4)指弱小民族不應被強大的民族所支配。」（張忠正，1987：17）

以台灣地區而論，一九九〇年以前，執政黨以中華民國爲代表中國的「唯一合法政府」，視中國大陸是「叛亂團體」或「僞政府」。而一些反對國民黨威權統治，倡言民主自由；反對大中國意識，主張台灣獨立自決……這些都是「自決論」的代表，例如一九八六年，「民進黨」建黨之前，早在一九八三年民進黨前身「黨外中央後援會」所提出的「共同政見」，就以「台灣前途，應由台灣全體住民共同決定」，此一「住民自決論」可視爲獨立運動（獨立於中國之外）的一種婉轉說法。而一九九〇年十月七日，民進黨「四全大會」決議：「我國事實主權不及於中國大陸及外蒙古」，雖是一種事實陳述，但也揚棄過去「大中國意識」，強調

2200（XXI）號決議通過，1976 年正式生效，至一九九〇年代，全球有九十餘國分別批准這兩項國際人權公約。（李龍、萬鄂湘，1992：184-185）

台灣應務實的與中國大陸、外蒙古爲分離的個別政治實體。一九九一年「五屆一全大會」更主張「公投台獨黨綱」……（郭正亮，1998：64-85）。以上所謂台灣的「住民自決」或「台獨公投」，都是傾向民族或族群分離、獨立的模式。

不論是「同化論」或「自決論」，其終極目標是建立一個「民族國家」（nation state）。雖然民族國家有「單一民族國家」（mono-national state）和「複合民族國家」（multi-national state）之區分，在未達「完全同化」之前，也許保持「複合民族國家」方式，但長期終究使弱小族群被「同化」。相反方向的「自決論」，是脫離與其他族的共同建國，而獨立建立自己的國家，如果一時無法達成「獨立自決」，總先爭取最大程度的「自治」權，一旦強勢（主體）民族無力統治或威脅減低時，即邁向獨立之路，理論上，如果民族（族群）同化／民族（族群）自決能在理性、平等、自願、和平、互惠等等原則下進行，而建立純度極高的「單一民族國家」，當然最爲完美。然而，實際情形正好相反，「同化論」往往面臨同化／反同化；支配／反支配之間的衝突，成爲族群紛爭的導火線，如果反抗力量太弱而無以抗爭，則弱小族群被強勢族群「同化」後，消失其主體性與文化特色。過去台灣地區推行「國語運動」的「語言同化政策」，造成閩、客、原各族群母語的式微就是一例。再以「自決論」觀之，它所面臨的最大困難是強勢（主體）族群的鎮懾壓制。例如台灣之住民自決、新疆維吾爾族、俄羅斯車臣之韃靼族……尋求自決，都會受強勢民族或自認擁有統治權力的國家機器鎮壓。另外，「自決論」的難題還涉及「何所底乎？」之困擾，例如台灣住民可以自決（不受中國大陸支配）；而台灣境內的「客家人」、「原住民」能否依此邏輯要求自決？原住民各族又能否要求自決？……如此將「伊於胡底」？

由以上族群關係的兩種理論模式可以發現：近代「國家」觀念成爲民族或族群的重要政治組合，勢必影響族群爲建立其「國家認同」而走上「同化」或「自決」的模式，此爲光譜中之兩極（兩端），不容易和平、

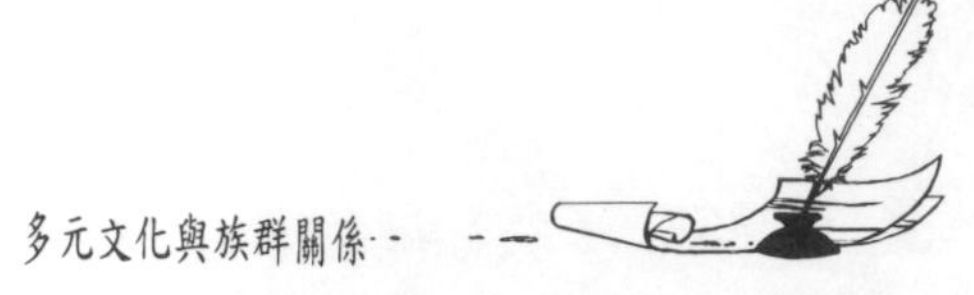

互惠的解決複雜族群關係。於是介乎其間而呈現不同程度的多元主義觀點，似乎更適於處理當前台灣複雜之族群關係。

肆、多元文化主義與族群關係

「多元主義」(pluralism)是個源遠流長而且包含多面向的概念，上溯至古希臘哲學家對宇宙實體爲「一」或「多」的爭辯[9]，而後開展西洋哲學一元論／多元論的長期論爭，至近代則不論在哲學、政治、社會、教育文化……各層面都興起「多元主義」以對抗「一元論」、「二元論」[10]或反對一元文化的政治、社會、文化支配現象。基本上，多元主義是對近代民族國家建立後，主權伸張的集體意識所產生的反動(Self, 1985: 79)。國家主權對外由獨立而擴張；對內由統治而宰制，於是「一元化」的思維與政治權力支配，失去了社會活潑開創的能力。因此，多元主義者認爲，國家政務的推動，若能經由不同的「中介性制度」(intermediate institution)，如教會、學校、社區、利益團體等來表達不同的意見，並透過折衷妥協的安排，則公共利益便可達成。例如政治哲學家托克威爾(de Tocgueville)認爲：美國的民主之所以那麼活躍與運作順利，實賴於在社

[9] 古希臘「先蘇期哲學家」如米勒(Miletos)學派之 Thales、Anaximandros、Anaximenes 等人，認爲宇宙太初(arche)是某一種「單一」元素，如水(Thales 之主張)，氣(Anaximandros 之主張)，火(Heraclitus 之主張)……這些可稱爲「一」之代表；而 Pythagoras 則以爲萬物本原。宇宙太初是「數」，「數」是「眾多」的。可見「一」與「多」之爭在西元前六、七世紀就開始出現了。(鄔昆如，1974：123-51；趙敦華，2001：9-15)

[10] 學者指出：「從哲學思想的發展歷史來說，多元主義的出現可說是對一元論(donismus／monism)和二元論(dualismus／dualism)的不以爲然。」(張鼎國，1998：323)

會中有各種不同的團體能將大眾的需求反應到政策制定上，並將政策的旨意回輸給民眾知道，而構成了與民眾之間的良好溝通橋樑（姚誠，1997：201）。甚至有些學者直言：多元主義論述與美國政治發展（尤其是二次大戰後）的經驗民主理論有密切關係，基本上，多元主義「乃將國家的統治現象視爲一種政治過程，社會上各種利益團體在政治過程中提出不同的要求促成其所欲之政策。由於政治資源、議題、系絡是分散而多元的，決策過程是以受到各種不同的政治、社會、宗教、經濟、甚至地區等的勢力互相影響、激盪及制衡而形成。」（蕭高彥、蘇文流主編，1998：序 I ）

政治上的多元主義反映在「民主政治的運作乃是建立在社會團體利益競爭與妥協基礎上」，政府政策是受到這些團體力量所左右，從好的方面來說，各家爭鳴，各自表述，都納入政府決策的思考；不過，實際運作的結果是，「政府與民眾兩者都成爲商業利益與大企業團體的俘虜。」（徐火炎，1998：259）循此線索探究，多元主義在教育文化與族群關係上，是否也會如政治權力、經濟利益上的「強勢集團」所俘虜？實爲本文所關心的課題。吾人認爲族群與文化之強弱，有其客觀而不易改變的現實，但族群文化的多元主義或多樣性，對不同族群（尤其強勢主體族群）間，並不如政治、經濟上的權力及利益那麼明顯的得與失，反因文化多元主義的「肯認差異」、「優惠補償」、「自治權利」，足以避開本文第三節所謂「同化論」與「自決論」的困境，而提供各族群共存共榮的契機。茲就文化多元主義的意涵與重建合理族群關係途徑陳述如下：

一、多元主義文化的意涵

文化多元主義（cultural pluralism）或多元文化主義（multiculturalism）爲當代族群、文化政策的主要思潮之一，兩者並不盡相同，前者（文化

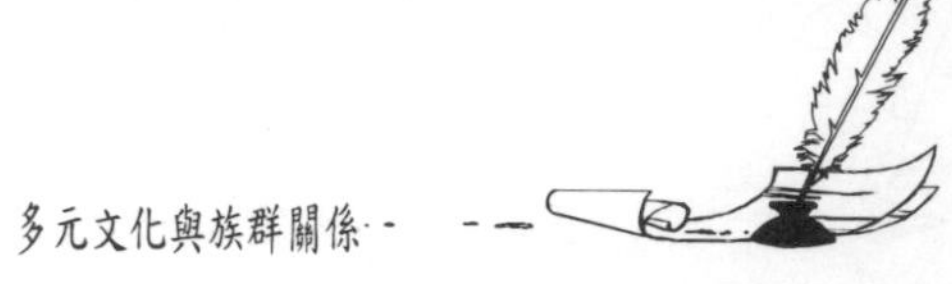

多元主義）是指「多元主義」表現在文化層面的觀點，它和表現在政治上的政治多元主義相類似；而多元文化主義則爲介乎個人自由主義與集體社群主義之間的多元文化觀點。由於文化多元主義、多元文化主義均反對一元論、肯認差異性、尊重自主性、優惠補償或保障弱勢族群與文化，因此一般常將二者交互使用。

以往或基於族群優越感；或因區域阻隔與語言障礙，常將不同族群的生活習慣或異文化加以排斥、曲解、甚至歧視……形成族群的區隔與刻板印象。例如隋唐之際中土人士自覺優越，稱四鄰爲「四夷」或「番邦」（均有未開發、文化水平低落之意），清代對台灣之原住民稱之爲「番」，並以歸附融合於漢族的程度區分爲「熟番」、「生番」……日據時代稱爲「蕃族」或「高砂族」[11]，至於光復後稱「山地同胞」，雖爲平等的「同胞」稱呼，但政、經、社、文基礎條件相差甚大，仍無法去除原住民「認同的污名」（謝世忠，1987），使其族群文化受到平等對待。因此，文化多元主義者主張：

> 對於社會上所存在的不同文化群體，應尊重其自主性，包容其差異性，使之並存而不相悖。因為，每個不同群體所代表的文化，無論強弱興衰，均有其一定的價值，吾人如能彼此尊重、相互欣賞乃至學習，則人類文明必可迅速獲得擴展與提昇（Belle and Ward, 1994: 29-50，轉引自洪泉湖，1999：169）。

多元主義者從「肯認差異」的觀點，強調國家公民在作爲「個人」或「個體」的政治參與上，應該有平等的自由權利及義務，但作爲涉及「族群」的參與和權益時，大家必須正視及承認族群文化的差異，以及強勢族群宰制、壓迫弱勢族群的社會現實。因此，爲了各族群文化的正

---

[11] 「番」字含有野蠻、未開化之貶義；「蕃」則強調其「蕃屬」，臣服、蕃服於上邦宗主國之義，仍未有平等之對待。

常發展，為了社會正義的伸張，應當給予弱勢族群特殊的權利，例如升學優惠、保留地劃編、就業輔導等等，並確保族群代表性，保障基本的代表員額等。例如多元文化論者楊（Young, 1990: 15-22）一方面批評主流或強勢族群對弱勢族群的結構性宰制，例如在文化、勞動分工各方面，強勢族群居主導地位，使弱勢族群接受主流文化的價值觀；勞動分工上，弱勢族群更居於不利地位（例如台灣原住民就業市場上，失業率為非原住民的兩倍以上；行業別又以初級產業或粗重勞動為主）。而傳統的社會正義，往往只著眼於社會成員間的利益與義務之分配適當性，忽略了制度化的壓迫與支配現象。另一方面 Young(1990)及 Williams(1995: 67-68)均提出「差異」(difference) 的概念，主張從政治或司法的制度面，賦予族群權利，以解決族群受壓迫所導致的衝突。這種「差異」的觀點，引申出「肯認」(recognition) 與尊重的態度，使得族群成員能確保其獨特的利益與權利，以減緩社會中文化多元而分歧所造成的族群衝突（Young, 1990: 166; Taylor, 1992: 38）。激進的多元文化主義論者楊（Young, 1990: 163-167）主張，弱勢族群必須擁有特殊權利（special rights），一方面矯正不公平及歧視待遇；另一方面更積極營造出一個對弱勢族群更有利的社會文化環境。

二、重建合理族群關係的途徑

綜合文化多元主義的觀點，要重建合理的族群關係，應從幾個方向去努力：

(一)肯認差異

相異於「同化論」或「自決論」的同質性、一元化後設基礎（意欲

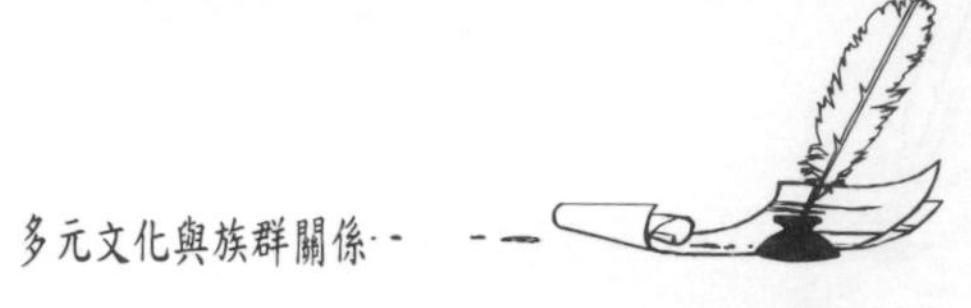

同化或自決為單一純化的族國主義），多元主義肯認不同族群文化的特色與價值，學習尊重與包容，這種肯認差異，不只是法律上、政治上的形式主義，而是心理上的實質尊重與包容，如此將使族群關係更和諧。

(二)重畫公／私領域，建構容納不同族群觀點的公共意見

Young（1990: 46）認為「族群」與「社群」（或社團）雖然均為「團體聚集」的性質，但社群與社團是個人「自願性」選擇加入；而族群卻是一種非自願、無選擇的「被丟入」、「被拋入」（throwness；throw-in）一個被標籤化、刻板印象的群體，不論你喜歡與否，你的出生就命定於某一族群（如原住民、客家人、外省人、甚至是非婚生之棄兒……）因此 Young 主張重畫公／私領域，私領域是個人與他人的互動，遵守一般自由、平等的原則，而公領域也不是由「少數服從多數」所建立的「共識」（因為少數民族必然居於劣勢），應該容納不同族群觀點在其中的共識，換言之，公共觀點的形成未必是「多數決」，應該以「尊重少數」為前提而得的共識。

(三)族群特殊權利與保障

少數族群作為弱勢者，實難與主體強勢族群競爭，因此，多元文化主義者提出「特殊權利」（special right）的主張，例如 Young 認為對少數族群的教育、政治參與、職訓乃至就業，應有特別保障或設定保留名額（quota），而在公共領域應有族群代表權。Kymlicka 則提出自我管轄或自治權（self-government right）及多元族裔免於受歧視的權利等（章玉琴，1999：347-353）。

(四)由「我族中心主義」到「多元文化主義」的轉化過程

上述多元文化主義者提出各項重建合理族群關係的策略，如果能從法律、政治等外在形式逐步確立，再經由教育、心理等內在觀念的轉化，則多元族群共存共榮的理想將可實現。Pusch 在《多元文化教育》（*Multicultural Education*）一書中闡釋了由族群自我中心主義到多元文化主義的轉化過程，如下**圖 1-2** 所示：

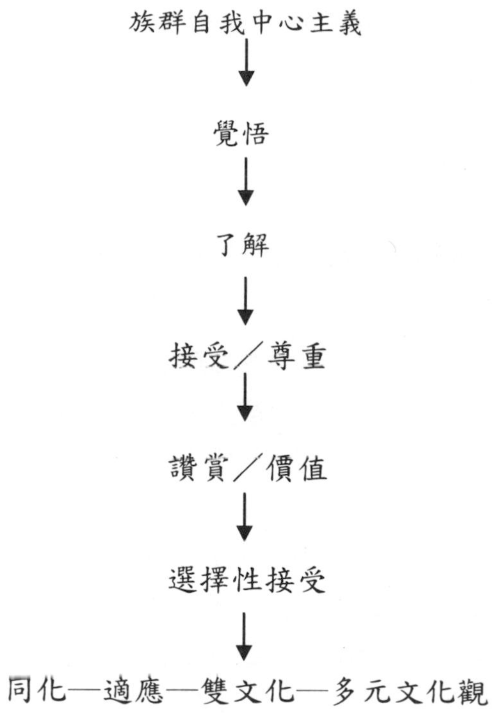

圖 1-2　由族群自我中心主義到多元文化主義的轉化過程

資料來源，Pusch, 1979。轉引自姚誠，1997：214-215。

圖 1-2 顯示，一開始族群自我中心（或我族中心主義），是一項人類生存之基本反應，透過父母、家庭，以及社會加強此種認識，以為自己之文化是最優秀的。由於文化接觸，覺醒到其他文化之存在，了解到彼此之差異、接受或讚賞對方之文化內容，挑選其中部分合用之內容為己用，進而同化、相互適應，產生雙文化特性，甚至多元文化之情形（姚誠，1997：215）。以台灣的族群文化與歷史變遷來看，處於不同時期的優勢統治族群，自然容易形成其族群自我中心主義，一旦殖民結束或政權轉換，原有優勢或既得利益族群的不捨與抗拒是難免的，但新的支配或強勢主體族群，如仍遵循過去的理論模式，或自視優越而出現「大族群沙文主義」，則族群紛爭永無寧日。本文認為肯認差異、尊重包容的「多元文化主義」。甚至強調「以大事小」、「以德服人」、「濟弱扶傾」的儒家政治倫理，在紓解族群關係的緊張，增進族群融洽上，具有重要的作用（劉阿榮，2001：1-21）。

伍、結論

本文從歷史發展的族群與文化變遷觀點，論述了台灣地區過去經歷了若干異民族、異文化在此一島上的活動、主宰、式微與更迭，每一族群取得優勢支配地位時，往往想將其文化或統治意識形態，加諸於其他族群，以同化、融合的模式，進行其族國整合與國家認同；反之，被壓迫宰制族群，往往訴諸「去殖民」、「去皇民化」、「去中國化」……的獨立自主意識，並為自決、分離運動注入大量的思想改造或付之於行動。然而，客觀存在的現實，非因主觀意志所能轉移，以當前台灣的族群與政治現實而論：第一層現實存在是，欲將不同時期「先來後到」接觸各種異文化的不同族群（例如粗略分為：閩南、客家、外省、原住民）強行「同化融合」，在威權時代已屬不易，且留下不少後遺症，遑論今日民主轉型既成不可逆之勢，強制性同化絕不可能；自願性、平等、互惠式

的融合如族群通婚、生活語言文化交流仍值得鼓勵。第二層現實存在是，台灣固然有不少人民或族群希望能實現真正的自決，獨立於中國大陸之統治，但也存在若干認爲「兩岸分裂分治」是政治現狀，「統」或「獨」均非短期內需迫切處理的，更何況國際現勢對於台灣獨立自決，並非我們主觀意願所能決定，與其內耗紛爭不如留待未來歷史發展去解決。

當上述「同化論」及「自決論」受到主、客觀環境因素所限制，則處理當前台灣族群與文化的抉擇顯然必須另尋途徑，本文提出「多元文化主義」的觀點，作爲處理台灣不同族群、文化、國家認同的基本策略。

首先，本文認爲文化羅聚型態是由族群中的自我與環境（包括人與人之情境、人與自然環境、人與超自然意境）交感互動而產生，文化是由某些歷史性的生活團體成員，逐漸形成的終極信仰、認知系統、規範系統、表現系統、行動系統，這些次級系統影響了族群的合作、和諧與分離、對立。

其次，多元文化主義的族群關係，有別於上述同化論／自決論的單一、同質性預設，反而肯認多元、差異是當前台灣族群文化的客觀實存現象。因此多元文化主義從：(1)肯認差異；(2)重畫公／私領域，建構容納不同族群觀點的公共意見；(3)族群特殊權利與保障；(4)由「我族中心主義」到「多元文化主義」的轉化策略等。這些意涵、策略或途徑，對於當前台灣多族群、異文化的現況，應屬較爲合理可行的方向，也是必須的抉擇。

最後，吾人深知理論上之應然與事實呈現之實然常有差距。尤其當前台灣凡事以選舉勝敗爲考量，不論哪一政黨，政見口號都以族群和諧爲訴求，但有意、無意間卻顯露族群對立，族群間之關係在政治人物的操弄下，不僅無法消弭仇視、紛爭，甚至在最關鍵時刻，還刻意進行族群分化、族群動員，以攫取權力與利益，此實爲吾人深以爲憂者。

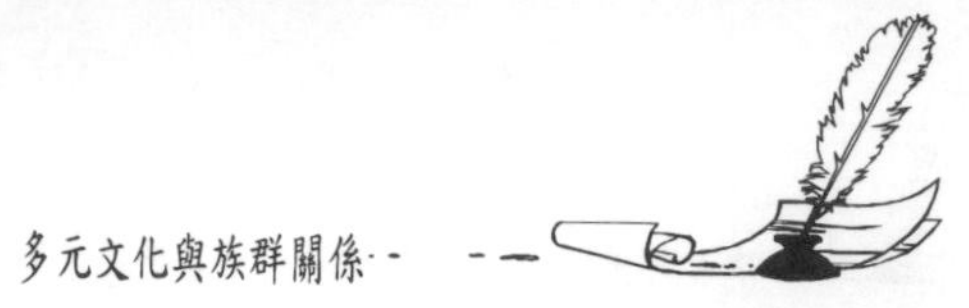

參考書目

一、中文部分

丁庭宇、馬康莊譯（1986），〈依賴理論與台灣：一個異例的分析〉，氏編《台灣社會變遷的經驗》，台北：巨流圖書公司，一版。

王明珂（2001），《華夏邊緣——歷史記憶與族群認同》，台北：允晨文化公司，初版三刷。

王甫昌（1998），〈省籍融合的本質：一個理論與經驗的探討〉，張茂桂等著《族群關係與國家認同》，台北：業強出版，初版四刷，頁 53-100。

王甫昌（2003），《當代台灣社會的族群想像》，台北：群學出版社，一版一印。

吳祖田編譯（1995），〈族群團體〉，邵宗海、楊逢泰、洪泉湖編撰《族群問題與族群關係》，頁 17-21。

李龍、萬鄂湘（1992），《人權理論與國際人權》，武漢：武漢大學出版社，一版一印。

沈清松（1998），《解除世界魔咒》，臺北：商務印書館，初版一刷。

林恩顯（1997），〈族群認同與族群關係〉，洪泉湖、劉阿榮等編著《族群教育與族群關係》，台北：時英出版社。

林淑雅（2000），《第一民族——臺灣原住民運動的憲法意義》，臺北：前衛出版社，初版一刷。

林劍秋譯（1991），A. Ranney 著《政治學——政治科學導讀》，臺北：桂冠圖書，二版一刷。

邵宗海、楊逢泰、洪泉湖（1995），《族群問題與族群關係》，臺北：幼獅文化出版。

姚誠（1997），〈論文化多元主義與鄉土教學〉，收入洪泉湖、邵宗海、沈宗瑞等編《族群教育與族群關係》，台北：時英出版，頁 197-219。

施正鋒（1998），《族群與民族主義——集體認同的政治分析》，臺北：前衛出版社，初版一刷。

洪泉湖（1999），〈從多元文化的觀點論公民養成〉，載台北：台灣師大《公民訓育學報》第八輯（1999 年 6 月出版），頁 167-180。

徐火炎（1998），〈多元主義與民主政治：被俘虜的政府與民眾〉，收入蕭高彥、蘇文流主編《多元主義》，台北：中研院中山人社所出版，頁 237-268。

殷海光（1966），《中國文化的展望》，上、下冊合編，臺北：文星書店出版。

張忠正（1987），〈民族國家與民族自決〉，載高雄：中山大學中山學術研究所出版《中山社會科學譯粹》第二卷二期。

張鼎國（1998），〈理解，詮釋與對話：從哲學詮釋學的實踐觀點論多元主義〉，收入蕭高彥、蘇文流主編《多元主義》，頁 307-335。

曹雷雨等譯（2000），A. Gramsci 著《獄中劄記》，北京：中國社會科學出版社，一版一印。

郭正亮（1998），《民進黨轉型之痛》，台北：天下遠見出版公司，一版一印。

章玉琴（1999），〈多元文化論公民觀及其公民教育觀之探究〉，載台北：台灣師大《公民訓育學報》第八輯（1999 年 6 月出版），頁 343-370。

鄔昆如（1974），《西洋哲學史》，台北：正中書局，台三版。

趙敦華（2001），《西方哲學簡史》，北京：北大出版社，一版三刷。

劉阿榮（1992），〈民族主義與國家整合——中山先生「民族國家論」之研究〉，載中壢：中央大學文學院《人文學報》第十期，頁 91-110。

劉阿榮（2001），〈儒家政治倫理與族群關係〉，載中壢：中央大學《社會文化學報》第十三期，頁 1-21。

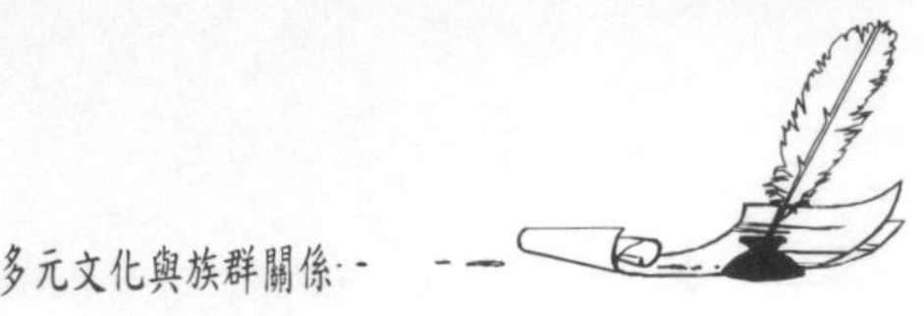

劉阿榮（2002），《思想解放與公民社會》，臺北：揚智文化出版。
蕭高彥、蘇文流主編（1998），《多元主義》，台北：中研院中山人社所出版。
蕭新煌（1985），《低度發展與發展：發展社會學選讀》，台北：巨流圖書公司，一版一印。
謝世忠（1987），《認同的污名：台灣原住民的族群變遷》，台北：自立晚報社出版。
謝劍、郭冠廷主持（2002），《各國族群政策之比較研究》，臺北：行政院客委會編印。
龐建國（1993），《國家發展理論：兼論台灣發展經驗》，台北：巨流圖書公司，一版一印。

二、英文部分

Brubaker, Rogers (1996), *Nationalism Reframed: Nationhood and the National Question in the New Europe.* Cambridge: Cambridge University Press.

Dos Santos, Theotonio (1970), "The Structure of Dependence." *American Economic Review* 60: 231-236.

Evans, Peter (1979), *Dependent Development: The Alliance of Multinational, State, and Local Capital in Brazil*. Princeton: Princeton University Press.

Gramsci, A. (1971), *Selections from the Prison Notebooks.* Lawrence and Wishart.

Held, D., McGrew, A., Goldblatt, D. and Perraton , J. (1999), *Global Transformation.* Cambridge: Polity.

Kroeber, A. L. and Kluckhohn . C. (1963), *Culture: A Critical Review of Concepts and Definitions.* New York: Vintage Books.

Pulsch, M. D. ed. (1979), *Multicultural Education.* New York: Intercultural Press.

Ringer, B. B. and Lawless E. P. (1989), *Race-Ethnicity and Society*. New York: Routledge.

Taylor, C. (1992), *Multiculturalism and the Politics of Recognition.* New Jersey: Princeton University Press.

Wallerstein, Immanuel (1974), *The Modern World-System, Vol.1: Capitalist Agriculture and Origins of the European World-Economy in the Sixteenth Century.* New York: Academic Press.

Wallerstein, Immanuel (1979), *The Capitalist World-Economy.* New York: Cambridge University Press.

Wallerstein, Immanuel (1980), *The Modern World-System. Vol.2: Mercantilism and Consolidation of the European World-Economy.* 1600-1750. New York: Academic Press.

Weiner, M.(1971), "Political Integration and Political Development." in C. E. Welch Jr. ed. *Political Modernization.* CA: Wadsworth Publishing.

Young, I. M. (1990), *Justice and the Politics of Difference*. New Jersey: Princeton University Press.

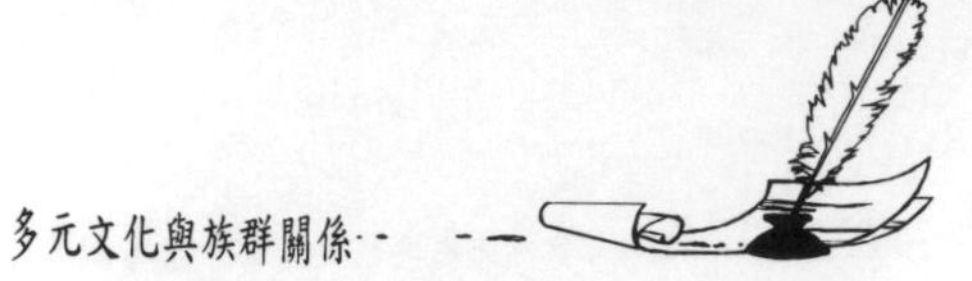

我國弱勢族群參政與自治之憲法基礎

鍾國允*

* 中央大學法律與政府研究所、客家社會文化研究所合聘助理教授。

壹、前言

族群（ethnic groups）是指一群因爲擁有共同的來源，或者是共同的祖先、共同的文化或語言，而自認爲、或者被其他人認爲構成一個獨特社群的一群人（王甫昌，2003：9-10）。弱勢族群意謂在特定的社會之中，相對於優勢族群（人數可能是多數亦可能是少數，通常是少數），其社會地位、文化、語言、參政等等各方面居於弱勢的族群。至於弱勢族群的權利是否受到憲法的明文保障，或者程度如何，各國情形不同。

我國爲一多民族（族群）所組成的國家，滿清末年孫中山起身革命，呼籲滿、漢、蒙、回、藏五族共和，一方面認知國內多民族的事實，另一方面則希望五族熔爲中華民族，以中華民族塑造中華民國[1]，符合近代以來一民族建立一國家的民族國家學說[2]。此種偏向熔爐式同化[3]的觀點卻無法改變客觀上多元民族的事實。一九四六年制定憲法時，將此一事實納入憲政規範之中。

一九四九年之後，中共據有中國大陸，我國政府所得行使統治權的

---

[1] 孫中山講民族主義就定義爲國族主義，是主張一個民族建立一個國家，亦即指民族國家（涂子麟，1985：85）。另外，孫中山說：「……今日中華民國成立，漢滿蒙回藏五族合爲一體，革去專制，建立共和……」（孫中山，1988b：264-265）。

[2] 現代民族國家是一個政治概念，意指在劃定的領土區域內，行使主權的政治機器，透過掌控軍隊的力量以維繫主權的宣示（羅世宏等譯，2005：164、236）。民族國家乃是由單一民族爲主所構成的政治體，其組成成員的族群歸屬、文化認同與政治認同是大致重疊的（江宜樺，1998：414）。

[3] 王甫昌將族群融合的形式分爲：「熔爐式的同化」、「教化式的同化」與「結構多元主義」（王甫昌，2001：56-61）。

範圍僅以台灣地區為限。在此社會情境下，族群狀態與關係開始改變，台灣地區包含為數不多的原住民，早期移入的漢人一直維持多數人口，另外加上一九四九年大量移入的外省人，成為新住民。剛開始的族群差異表現在原住民與漢人之間，但是八○年代解除戒嚴之後，保障族群文化與利益的討論日益熱烈，形成各種族群社會運動。尤其是原住民運動格外引人注目，隨後客家人爭取重視客家文化，外省人則在本土化的潮流興起之後感受到危機意識，隨後外籍人口移入台灣逐漸增多，成為新興的族群。因此，當代台灣包含了閩南人（河洛人）、外省人、客家人、原住民四大族群（王甫昌，2003：57；張茂桂，2005：181）。若包含外籍移民則為五大族群。

憲法作為保障基本人權的國家最高法規範，但是現代憲法以自由主義為基礎所建立的保障體系，對於弱勢族群是否充分，其內涵是否有矛盾之處？本文首先說明西方學界近幾十餘年來對此議題的反省；其次，說明我國憲法承認多元民族國家之事實，並探討其內涵；最後，分析憲法上弱勢族群參政權、自治（權）之性質與規定，強調兩者對於弱勢民族地位與權益保障之重要性，以及「多元文化」為憲法上的重要核心價值。

貳、現代憲政規範對於族群權利保護不足

一、對自由主義之批評

西方自由主義正視價值的多元，並以之為前提，所建構的政治主張，

包括容忍差異和承認宗教、道德、思想、生活方式的多樣性，在處理此差異和多元主張時，主要的方法是區別公領域與私領域，前者為大家順從普遍接受的原則，建構一個穩定的社會，後者只要人民不違反公領域的規範，則政府不加干涉，保障個人的自由與各種價值的多元發展（林火旺，1998：387、383）。因此自由主義主張在法治的架構之中，對於多元價值採取中立性的態度，並主張持不同價值者相互之寬容（蕭高彥，1998：489）[4]。

自由主義強調價值多元與寬容、保障個人的自由人權，並且尊重每個人的平等地位，在法律之前人人平等。自由主義所形成的憲政結構，是限制政府有限的權力，並形塑一個讓人民皆可適性自由發展的社會環境。表面上看起來此種制度設計沒什麼問題，但進一步細究，自由主義個人觀乃是一種「原子式的個人主義」（atomistic individualism）[5]，楊（Iris Marion Young）進一步批評自由主義公民觀乃是一種同化論的理想，此一理想的目標是建立一個同質性的社會，為了社會上每一個人都享有平等的社會地位，同化論要求以相同的標準和規則對待每一個人。但社會上仍存在優勢族群，追求同化與忽視差異的結果[6]，使得優勢族群所表達的

---

[4] 在此方面，頗符合「多元主義」所強調的：在多元社會中並無放諸四海皆準的眞理，故不應意識形態、價值觀念、宗教信念等定於一尊，這些是沒有標準答案的，應由社會上的個人與各種團體共同參與，經過討論妥協，進而形成公意。但此種多元主義所建構的民主制度，易因強調寬容而遭濫用，所以戰後德國基本法有許多矯正之處（李建良，1998：118、126-133）。學者也指出，從多元主義的角度看，民主政治的運作是建立在社會團體的利益競爭與妥協的基礎上，政府被視為是受團體所左右的政策制訂工具（徐火炎，1998：259）。

[5] 此為 Charles Taylor 的批評（蕭高彥 1998：490）。

[6] 採取無差異中立原則的自由主義是霸權文化的反映，少數族群和被壓抑的文化被迫採取不同於自己的文化形式，結果所謂無差異和公平的社會，不只是不人道，而且是以一種微妙和不自覺的方式高度歧視（Charles Taylor, 1994: 43-44；

經驗和規範，成爲一種表面上不具立場、中立於族群的普遍人性規範，事實上卻成爲宰制、壓抑其他族群的工具，使弱勢族群成員產生內化的自我貶抑，而不利於生存發展（Iris Marion Young, 1990: 163-165；轉引自林火旺，1998：389）。所以自由主義自稱是一個最具包容性的主張，反而不能接受以族群爲單位的政治設計，造成壓迫弱勢族群的結果（林火旺，1998：390-391）。

二、對憲政主義之批評

James Tully 認爲憲法本應被視爲一種行動形式，一種跨越文化藩籬的對話，讓當代社會中文化背景殊異的主權公民們能在對話過程中，依據相互承認、同意與文化延續等三項常規，長期不斷地商議他們憲政結合體的形式（黃俊龍譯，2001：39）。但是現代憲政主義語言的七項特性，是用來排除與同化文化差異性的工具（黃俊龍譯，James Tully, 2001: 81-91）：

1.現代憲法相對於古憲法或歷史上的早期憲法，後者在歷史發展中是屬於低等地位。歐洲的憲政民族國家他們特有的制度與文明成就居於最成熟、也是最進步的階段。

2.爲避免古憲法或歷史上早期憲法具有的不規律性，以及古憲法中互相矛盾的權威是戰亂的根源，現代憲法將政治權威集中於某個主權者身上。在人民主權的理論中，人民整體被建構爲唯一的權威中樞，再加上這些理論以建構一致性的政治體系爲最高的目標，因此

轉引自林火旺，1998：395）。也就是說，自由主義把無視差異的普遍主義看作是非歧視性的，而差異政治則認爲「無視差異」的自由主義，其本身僅僅是某種特殊文化的反映，是一種冒充普遍主義的特殊主義（應奇，1999：203）。

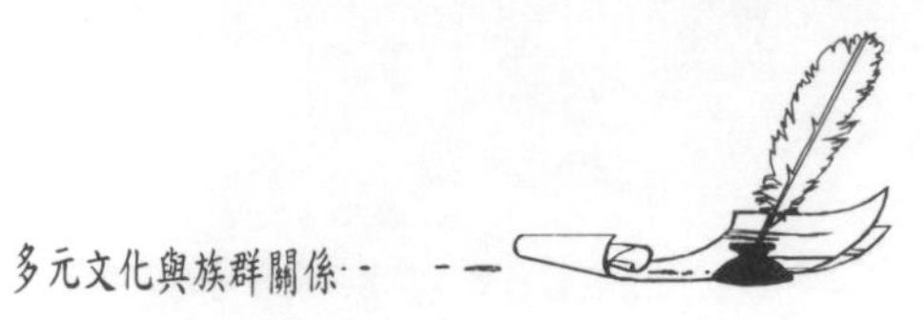

古憲法權威所呈現的多元並存體系便消失了。

3.「人民主權」概念剝奪了文化差異性成為政治構成面向之一的資格。人民至上是指人民在文化上的同質性，也就是說文化是一個毫不相干的因素，因此可以被超越、被統一。

4.以進步理論限制憲法對風俗的承認。

5.自從法國大革命及美國獨立革命之後，現代憲政理論就堅持一個立憲國家必須要有國族的單一認同，要成立一個讓全體國民都能歸屬的想像共同體。

6.一部現代憲法等於某組特定的歐洲制度，也就是康德所稱的共和憲法，其中包含人民主權、代議政府、個人自由權利等。

7.現代憲法成為民主政治的支柱，同時也提供民主政治的運作規則。人們認為現代憲法具有普遍效力，人民一旦同意，便成為永遠有效的協議，這樣的預設也進一步鞏固了此一特性。如此一來，現代憲法似乎成為民主政治成立之前的原初條件，而且從霍布斯以來各種理論都在努力地說服人們相信：即使到今天，只要是有理性的人皆會同意這部憲法。

從後現代主義、文化女性主義及跨文化主義，認為以自由主義、民族主義以及社群主義三項正統的現代釋憲傳統，是由歐洲男性在帝國主義時代形塑而成，因此他們共有的現代憲政主義語言夾帶有某種歐洲的、男性的，以及帝國主義的文化偏見。其結果是我們不可能依據這三項正統的辭彙，以正義無私的態度對待爭取文化承認的各種要求（黃俊龍譯，James Tully, 2001: 57）。

三、批判種族理論

七〇年代以來美國興起批判法學，此一學派認為法律是政治所披上

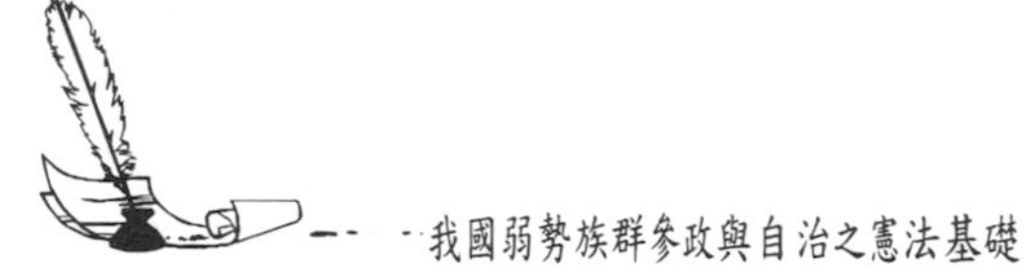

的不同外衣，是權力者思想與支配地位的表述，法律自稱自治與中立只是爲了遮掩法律與政治的依賴（Bodenheimer 著，鄧正來譯，1999：687-690，轉引自林柏年，2006：2-3）。隨後有一些學者以批判的角度審視種族結構領域，一九八九年正式提出所謂的批判種族理論（critical race theory）（林柏年，2006：3-4）。

批判種族理論認爲主流的法律思想背後是種族主義（racism）作祟，因此體現了主流族群對於少數、弱勢族裔的壓迫，而且這些種族主義的壓迫，化妝成中立、客觀的自由主義法律語言，瀰漫在每一個法律條文之中（林柏年，2006：3）。自由主義的法學致力追求一個泯滅差異的族群融合，其實是弱勢族群被要求放棄自己的傳統與文化（李佳玟，2004：125）。因此拆穿現存法律體系中所謂客觀中立的法律語言、揭示法律對於弱勢族群的歧視與偏見，消除壓迫與宰制的結構是批判種族理論的核心意旨。

四、多元文化主義之論述

現代憲政規範以個人主義爲基礎，充滿自由主義的色彩，希望建立一個多元自由的社會。然而此一中立、平等的價值設定，其實並不積極承認各種文化的差異，亦無周延保障，造成弱勢族群生存與發展的困境。

近年來西方學界提倡多元文化主義（multiculturalism），此一主義爲多元主義（pluralism）的一個特殊形態，探究在一個社會中存在數個歧異甚大的文化群體（例如族群、語言、宗教信仰、乃至於社會習俗）時，如何建立群體間對等關係的論述（蕭高彥，1998：488）。多元文化主義中分析的焦點是擁有特定文化的群體，而較不是其中個人。這些不同的文化群體，因爲其文化特性而在特定社會中擁有著特定的社會身分與主體位置。因此多元文化主義就在理解各群體的社會身分與主體位置，揭

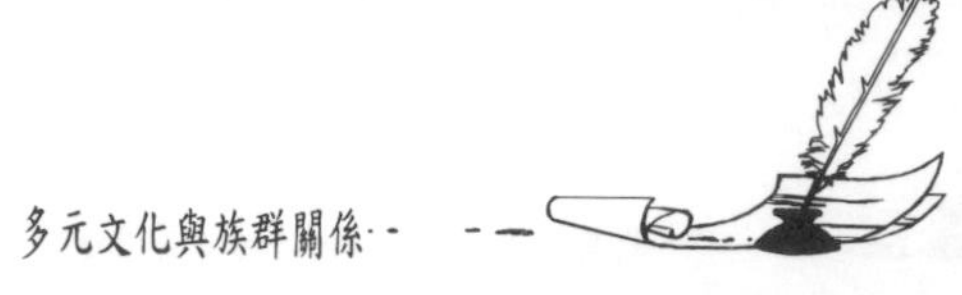

示其間的權力運作關係與壓迫結構，進而希望透過行動改變壓迫結構，要求國家明確且平等地肯認各個族群的認同與傳統，拒絕自由主義所支持的普遍主義式的族群統合，讓各文化之主體性得以真正的共存（陳素秋，2005：7-8；李佳玟，2004：128）。

泰勒（Charles Taylor）認為個人認同與社會制度及慣行（practices）乃相互關聯而形成不可分割的整體，後者為主體之間互動所形成，卻反過來成為個人認同所不可或缺的基礎（Charles Taylor, 1994: 65-66；轉引自蕭高彥，1998：491）。他所關懷的不僅僅是在私人領域中行動者的相互承認（這也是自由主義者所主張的），更試圖在公共領域，也就是國家體制中建立一個主體間相互承認的共同體。他認為文化，特別是語言社群已客觀化成為獨立的主體，所以他的「承認政治論」（politics of recognition）的權利承載者，不是個人而是文化或語言社群，文化社群應於現存的政治共同體中獲得承認（蕭高彥，1998：491-494）。

另外一方面，楊提出「差異政治」（politics of difference）之論述，在自由主義的政治分析中，只有個人和國家兩個基本元素，但兩者之間，還有一個極為重要的單位，即各種不同的族群，包括種族、民族、性別、年齡、宗教、文化等構成的特殊團體，這些團體對某些特殊個人的認同與生命意義很重要，政治分析如果忽略此一差異，將使某些族群受到壓抑、宰制和邊緣化。肯定族群差異的積極性，將使族群肯定自己的文化，不會因為自己的「不同」而自我貶抑，使宰制文化相對化，也使不同族群在某些方面共享相同的經驗，差異不再是排他、對立和宰制，因此可以提升族群的團結。因此應對現有宰制的制度提出批判，使得上述的差異得以納入公領域之中，族群的成員身分應作為制定政治原則的重要考慮（Iris Marion Young, 1990: 166-171；轉引自林火旺，1998：392-393）。

金里卡（Kymlicka）則從自由主義出發，他認為自由主義必然忽視個人與文化社群的關係是不正確的，應可建立一種不同於中立、無差異原則的自由主義（林火旺，1998：398）。他發展出「社會性文化」（societal culture）的概念，即一種提供團體成員有意義生活方式的文化，此種文化

以領土為中心，共享相同的語言，它不僅牽涉到共享的記憶與價值，也有共同的制度和實踐（Kymlicka, 1995: 76；林火旺，1998：399；林超駿，2004：325）。社會性文化成為成員理解其所做的選擇是否有意義的依據，而且支持自我認同。文化和個人一樣，可以是自由主義社會中的構成單位，使個人可以在自己特殊的文化內涵中建立認同，也使文化之間能平等互動，形成相互肯認和信任來源。所以保障少數文化的族群差異權不只是和自由主義的價值一致，而且是提升這些價值（Kymlicka, 1995: 102-106；林火旺，1998：399-400）。因此金里卡主張賦予原住民族自治權限、參與中央政府國政的機會、民族多元（文化）權利三項特殊權利，前兩者以團體為單位，第三種則得以個人身分主張（Kymlicka, 1995: 26-33；林超駿，2004：323）。

不論是從社群主義出發，或者是從自由主義的角度，多元文化主義很清楚的強調介於國家與個人之間，文化社群是一重要的社會單位，此一單位對於社群成員的認同、支持與發展具有重要意義。憲政規範僅僅規範個人的自由人權，忽視團體，尤其是弱勢族群的權利，其實是一種制度性的歧視，亦是不正義的表現。惟有從最上位的憲政規範開始承認文化的差異，尊重不同族群的生存處境與文化需求，始能落實於整個法律體系之中，營造真正多元文化的國家。

參、憲法承認我國是多元民族之國家

一、多元民族成文化

我國憲法第一百五十八條規定：「教育文化應發展國民之民族精神，自治精神，國民道德，健全體格與科學及生活智能。」憲法第一百五十

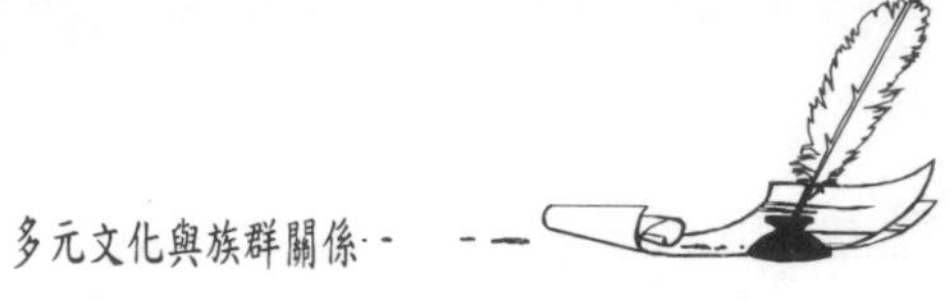

七條規定：「國家爲增進民族健康，應普遍推行衛生保健事業及公醫制度。」兩條文中都有「民族」二字，似乎蘊涵以國家整體爲一個民族的指涉，但是整部憲法之中卻未出現「中華民族」四個字。相反的，憲法明明白白承認我國爲多元民族國家，因爲憲法第五條規定：「中華民國各民族一律平等[7]。」

憲法前言說明：「中華民國國民大會受全體國民之付託，依據孫中山先生創立中華民國之遺教，爲鞏固國權，保障民權，奠定社會安寧，增進人民福利，制定本憲法，頒行全國，永矢咸遵。」其中用的是「全體國民」、「民權」、「人民」，相應於憲法第二條「國民全體」、第三條「中華民國國民」，這些都是以人民、國民或國民全體爲指涉對象，並沒有族群的概念。所以憲法第五條放在總綱非常有意義，因爲一方面特別指出中華民國存在「各民族」的事實，突顯出我國尙未完全融合成一「中華民族」；另一方面，打破自由主義以個人作爲公領域的單位，憲法有必要且特別重視「民族」作爲憲法規範的單位，以維繫各民族在國內憲法生活的平等。

此外，憲法第七條規定：「中華民國人民，無分男女、宗教、種族、階級、黨派，在法律上一律平等。」除了憲法第五條的民族平等外，又規定種族平等。民族與種族是否含義相同？國內的通說似認爲兩者重複，民族即爲種族，其實兩者擇一規定即可[8]。

本文認爲憲法第五條與第七條的規定，有以下幾個特色：

第一，孫中山的民族主義，除了對外具有主權含義的爭取民族解放，對國內而言，卻具有雙重性質。一方面作爲民族國家對抗帝國主義侵略，

---

7 孫中山在〈中國國民黨第一次全國代表大會宣言〉就指出：「中國境內各民族一律平等。」（孫中山，1988a：881-882）。

8 薩孟武認爲大概制憲之時，許多國民黨員一方面依孫中山對於民族所作的定義，知國內各種族就是各民族，同時又恐違背孫中山所　的「國族」，故對國內各民族又勉強稱之爲種族，所以重複規定（薩孟武，1988：82）。

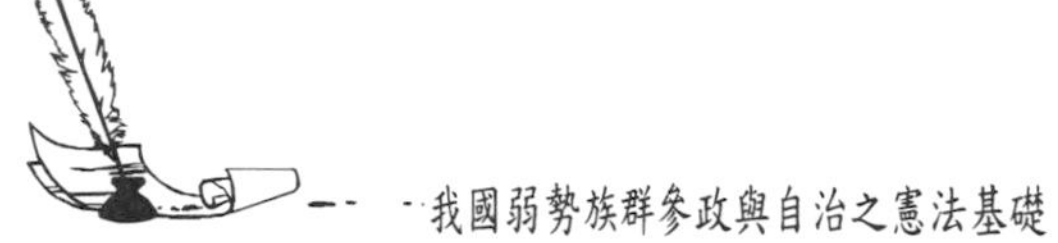

爭取民族解放的重要方法，因此他先說五族共和，然後採取同化的方式，使國內各民族融合；另一方面，爲了讓國內各民族能夠放心加入新的國家，他又說國內民族一律平等，甚至各民族有自決權（涂子麟，1985：89-92）。前者具有普遍主義的同化論傾向，後者又突顯不同民族的差異性，此兩種元素都被制憲者考慮進來，一則彰顯國家的角色，放棄單一民族（中華民族）入憲，再者大方承認國內不同文化、民族的差異，且在憲法中將此種差異成文化[9]。

第二，如果放在中華民國建國的歷史脈絡之中，就可以明白從清末之際，列強不斷瓜分在中國的勢力範圍，即使成立亞洲第一個民主共和國之後，內戰與外患不斷，各國仍然虎視眈眈，中央政府對於領土的控制程度，依不同區域與時期而有所不同，所以制憲者以求最大公約數，將各民族廣納國家制度之中，而非強力融合。更何況，這些民族是先國家而存在，更是先憲法而存在幾世紀，不能因建國制憲而使之成爲被壓迫與宰制的對象。

第三，雖然國內通說認爲憲法第五條與第七條爲重複規定，因而將第五條省略不談，但是翻遍憲法條文，可以發現憲法後續條文提及族群之事務，均以「民族」作爲規範的單位，反而不用「種族」爲對象。例如憲法第二十六條第一項、第六十四條第一項、第一百六十八條、第一百六十九條的「邊疆民族」，至於蒙古與西藏則是邊疆民族中更爲特殊的地位，故單獨加以規範。至於種族，若以廣義而言，可以民族相當，若以狹義觀之，則非蒙古、西藏兩族，亦非邊疆之民族，而是內地的弱勢族群，可以種族含括，並納入憲法第一百三十五條的「內地生活習慣特

---

[9] 林紀東認爲這會強化民族的區分，而有多餘之嫌（林紀東，1985：46）。薩孟武一方面贊成孫中山的「國族」與同化觀點，另一方面則認爲應給予少數民族實質的平等權，尤其是國會其中一院代表民族，各民族代表數額相同，凡有關民族之問題均須得該院之同意（薩孟武，1988：57-58、82-84）。

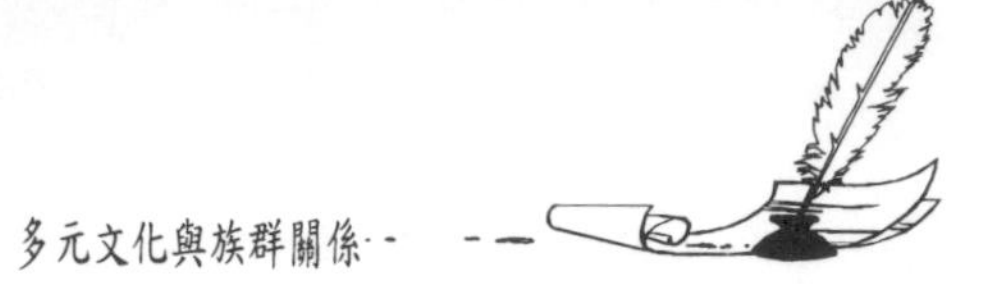

殊之國民[10]」。以現在的用語，民族或種族皆可以族群稱之。

二、多元民族之內涵

我國憲法基於三民主義之精神（可對應爲多元民族國、民主法治國、民生福利國），對於特殊國民的權利之保障分別規定於憲法本文與增修條文之中，前者包含性別、職業、年齡、弱勢、地區與族群六類，後者則包含性別、職業、弱勢、地區與族群五類，兩者的分類差異不大，但對象有許多不同（參見表 2-1）。

憲法本文以全中國爲其規範之區域，對於弱勢族群首重於蒙古與西藏兩個地方，其次是邊疆民族，再來才是內地生活習慣特殊之國民。學者林紀東曾指出，就我國憲法本文中所謂的「內地生活習慣特殊之國民」，依制憲時的提案意旨是指回民，但依本條之文字與立法目的而言，則應擴大其範圍，是指非住於邊疆地區，而居住於內地，其生活習慣與一般國民不相同，且顯具有特殊性之國民，如各省的回民、藏民，居住於湖南廣西的苗民，以及台灣的山地同胞。故依其所見，台灣原住民亦可納入憲法第一百三十五條之中（林紀東，1986b：240）。李登輝總統就任之後，進行六次的憲政改革，增訂憲法增修條文，此文本以政府統治權所及之台灣地區爲主要考量。一九九一年修憲將台灣的山地同胞納入規範，並將參政權行使的主體區分爲平地山胞與山地山胞兩類，後來一九九四年修憲將山胞正名爲原住民。一九九七年修憲，正式將「原住民族」一詞入憲。

[10] 林紀東認爲憲法第五條所指的民族乃是漢滿蒙回藏五族而言（林紀東，1985：46），果若如此，憲法第七條的種族則更應有存在之必要，而指涉其他眾多的少數民族。

表 2-1　憲法本文與憲法增修條文保障項目與類別

	保障項目	保障類別
憲法本文	性別	婦女（7、26Ⅰ、64Ⅱ、134、153Ⅱ、156）
	職業	自耕農及自行使用土地人（143Ⅳ）、農民、勞工（153Ⅰ）、教育、科學、藝術工作者（165）
	年齡	兒童（153Ⅱ、156、160Ⅰ）
	弱勢	老弱殘廢、無力生活、受非常災害者（156）、逾學齡未受基本教育之國民（160Ⅱ）、無力升學之學生（161）
	地區	外國僑民（26Ⅰ、64Ⅰ、91、141、151）、邊遠及貧瘠地區（163）、貧瘠省與縣（147ⅠⅡ）
	族群	種族（7）、民族（5、157）、邊疆民族（26Ⅰ、64Ⅰ、168、169）、蒙古（26Ⅰ、64Ⅰ、91、119）、西藏（26Ⅰ、64Ⅰ、91、120）、內地生活習慣特殊之國民（135）
憲法增修條文	性別	婦女（4Ⅱ、10Ⅵ）
	職業	軍人（10Ⅸ）
	弱勢	身心障礙者（10Ⅶ）
	地區	澎湖、金門、馬祖人民（10 XII）、外國僑民（4Ⅰ、10 XIII）、大陸地區人民（11）
	族群	原住民族（10 XI、 XII）

註：括弧內為條文數字。

資料來源：作者整理。

弱勢族群（或原住民族）的權利分類，學者意見不一，例如施正鋒認爲可分爲生存權利與平等權利兩大類，後者再分爲公民權與集體權，集體權再細分爲認同權、自決權、文化權、財產權、補償等項（施正鋒，2005：33-38）。林柏年則更爲細緻的區分，他先將權利區分爲個人權與集體權，前者區分爲生存權與平等權，後者則區分爲自決權、文化權、認同權與環境權（林柏年，2006：23、附件）。

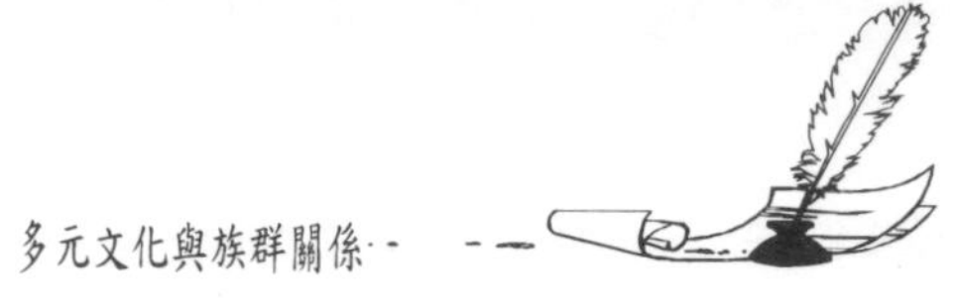

就如前述的金里卡所言，必須承認弱勢族群的「團體區別權」（group-differentiated rights），不同族群形式所存在的差異，才能獲得滿足，因此他主張賦予原住民族自治權限、參與中央政府國政的機會、民族多元（文化）權利三項特殊權利（Kymlicka, 1995: 26-33；林超駿，2004：322-323）。我國憲法規範弱勢族群的保障主要在於，第一是憲法第二章「人民權利與義務」，規定平等權；第二是在憲法第十三章「基本國策」中，對於邊疆地區的民族特別加以保障；第三則是規定弱勢族群的參政與自治權，包括在中央民意機關，弱勢族群的代表數額，以及特殊地方的自治。隨後一九九〇年代的憲法增修條文針對台灣的原住民族有所規範，增益了憲法本文的不足，可以說涵蓋了金里卡主張的三項特殊權利。本文接下來分析弱勢族群參政與自治之憲法依據。

肆、弱勢族群參政之憲法基礎

一、基本性質

西方近代的立憲主義運動，強調爭取打破特權與階級，法國一七八九年人權宣言第六條規定法律為普遍意志的表達，所有的市民在法律上一律平等，就是一個重要的表徵。但十八、十九世紀立憲主義建立之初，僅具有資產的少數人民可以參政，惟有建立平等參政與多數決的政體才可以防止階級統治，後來民主國家逐漸普及選舉權，因此平等權是現代民主政體合法性的前提要件（吳庚，2004：177-178；法治斌、董保城，2002：24-25）。基於自由主義、個人主義所建立的憲政體制，主張形式上平等，忽略了一國之內不同族群文化的差異、發展程度的不同，弱勢族群結構性的無法擁有較多的資源，長期居於社會的弱勢地位。此外，民主政治講求的是一人一票、票票等值之基本定律，弱勢族群人數遠低於

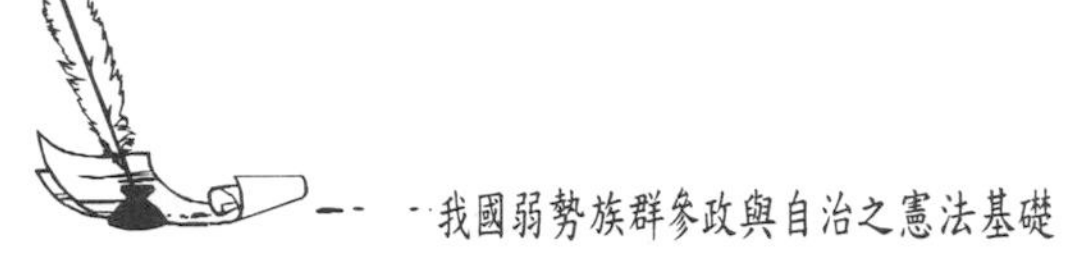

主流族群，且參政能力不足，若以數人頭來決定國家所有的事務，則法律多數的時候成為宰制壓迫弱勢族群的工具。因此，在憲法與相關的法律中確立弱勢族群的參政權無疑地是一項重要的戰略點。

我國憲法第五條規定：「中華民國各民族一律平等。」憲法第七條規定：「中華民國人民，無分男女、宗教、種族、階級、黨派，在法律上一律平等。」憲法兩度說明民族平等與種族平等，足見其重視之程度。平等權是主觀的公權利，平等原則則是客觀的法規範。國內通說認為所謂的平等是指相對的平等、實質的平等，相同的事情相同對待、不同的事情不同對待（陳新民，1995：193-200；李惠宗，2006：123-125）[11]。憲法第七條雖然排除五項因素而為差別待遇[12]，但是憲法已肯認我國為多元民族國家，並考量到上述弱勢族群的現實處境，因而若對於弱勢族群特別保障其參政權與基本國策、增修條文中的各項規定，應是符合 John Rawls 使社會中處境最不利的成員獲得最大利益的「差異原則」（吳庚，

---

[11] 司法院大法官釋字 596 號解釋：「憲法第七條規定，中華民國人民在法律上一律平等，其內涵並非指絕對、機械之形式上平等，而係保障人民在法律上地位之實質平等；立法機關基於憲法之價值體系及立法目的，自得斟酌規範事物性質之差異而為合理之差別對待。」（「對實質平等的討論」，參見廖元豪，1996：37-44；2004：38-41）。

[12] 平等權可以區別為一般平等與特殊平等，憲法第七條所指涉的男女（性別）、宗教、種族、階級、黨派平等為特殊平等，國家沒有極其特殊的原因，不得以此原因為差別待遇。除上述要素之外的平等為一般平等，國家只要有合理的原因即可差別待遇。因此法規若針對不同事物差別待遇，則要探求制度規範的目的、差別待遇的事物本質要素，以及差別待遇是否符合本質目的與比例原則（李惠宗，2006：126-129、134-139）。

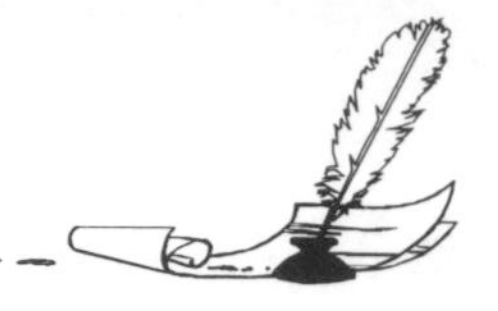

2004：181-182）[13]。

二、憲法本文

我國中央民意機關，包含了國民大會、立法院與監察院（大法官釋字第七十六號）。憲法第二十六條規定國民大會代表之組成，區域代表是以每縣市及其同等區域各選出代表一人，而且人口逾五十萬人者，每增加五十萬人增選代表一人。至於弱勢族群，蒙古每盟四人，每特別旗一人，至於西藏與各民族在邊疆地區選出代表，以法律定之。依據已經廢止的國民大會代表選舉罷免法第四條規定，蒙古各盟旗選出五十七名，西藏選出四十名，各民族在邊疆地區選出三十四名，內地生活習慣特殊之國民選出十七名。弱勢族群共選出一百四十八名國民大會代表。

憲法第六十四條規定立法委員之組成，區域立委由各省、各直轄市人口在三百萬以下者五人，其人口超過三百萬者，每滿一百萬人增選一人。至於弱勢族群，蒙古各盟旗、西藏與各民族在邊疆地區選出代表，全都以法律定之。依據已經廢止的立法院立法委員選舉罷免法第四條規定，蒙古各盟旗選出二十二名，西藏選出十五名，各民族在邊疆地區選出六名。弱勢族群共選出四十三名立法委員。憲法第九十一條規定監察委員由各省市議會、蒙古西藏地方議會及華僑團體選舉之。每省五人，每直轄市二人，蒙古各盟旗共八人，西藏八人。

至於在內地的弱勢族群，憲法第一百三十五條規定，內地生活習慣特殊之國民代表名額及選舉辦法，以法律定之。對於本條之「國民代表」含義有兩種見解，一是僅指國民大會代表，如國民大會代表選舉罷免法規定內地生活習慣特殊之國民選出十七人，但立法院立法委員選舉罷免法，未將此類別納入立法委員名額中。國民大會代表選舉罷免施行條例

---

[13] 陳新民稱爲「良性的特權條款」（陳新民，1995：201）。

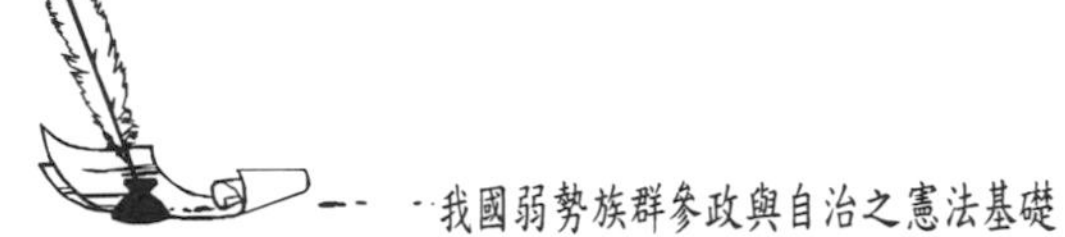

第五十二條進一步規定，所謂「在邊疆之各民族」係指四川、西康、雲南、貴州、廣西、湖南六省之西南邊疆民族；所謂「內地生活習慣特殊之國民」則是指居住各地之回民[14]。另一說則認為，其提案本意即不以國民大會代表為限，且立法目的在於使在內地的弱勢族群能在各民意機關有參政之權，再者，若僅侷限於國民大會代表何不規定於憲法第二十六條即可？以憲法第一百三十五條之特別規定，即可知應包含國民大會代表、立法委員與監察委員。一九八〇年公布施行的動員戡亂時期公職人員選舉罷免法，由內地生活習慣特殊之國民代表，即包含中央（不含監察委員）、省、縣與鄉鎮市各級民意代表，較符憲法意旨，但其規範之對象則為在台灣地區之山胞（林紀東，1986b：240-241）。

依上述憲法之規定，行憲伊始，國民大會代表合計選出三千零四十五人，區域代表就有二千一百七十七人，占全部總數三分之二以上（林紀東，1985：391）。至於立法委員應選出七百七十三人，區域立法委員有六百二十二人之多，亦占絕對多數（林紀東，1986a：343），監察委員之情形亦相仿，因此這些弱勢族群民意代表在這三個機關之中所占的比例甚低。

三、憲法增修條文

一九四九年後中央政府統治權僅及於台灣，第一屆資深民意代表長

---

14 制憲當時的提案是要在三個中央民意機關，增加出生活習慣特殊之回民所選出之民意代表。但憲法未將此一類別放入各機關成員組成的類別之中，而是由憲法第一百三十五條規範，條文中將「生活習慣特殊之回民」改為「生活習慣特殊之國民」（林紀東，1986b：238-239）。但在國民大會代表選舉罷免施行條例中，仍然將本條侷限於回民。

年不改選，造成民主政治的僵化，而有所謂的中央民意代表的增補選，此時已納入台灣的山胞名額。迨李登輝總統進行六次憲政改革，一方面監察院改為準司法機關，監察委員不再由省市議會選舉產生；其次，第一屆資深民意代表於一九九一年底全部退職，中央民意代表由台灣地區產生（含全國不分區之民意代表），因此中央民意代表本土化，完成台灣民主化的第一步；再者，延續動員戡亂時期中央民意代表的增補選措施，將山胞納入中央民意機關之中。

一九九一年憲法增修條文規定，國民大會代表分別由平地山胞與山地山胞中選出各三人，立法委員亦同，平地山胞與山地山胞各三人。一九九四年憲法增修條文將山胞正名為原住民[15]。一九九七年憲法增修條文為了因應凍結省自治團體，擴大立法委員名額至二百二十五人，所以平地原住民與山地原住民立法委員增為各四人。二〇〇〇年國民大會改為任務型國民大會，國民大會代表已非長任期制，而是行使任務始選出代表，總額三百人，且任期僅一個月，依國民大會代表選舉法第二十五條之規定，政黨或聯盟當選名額中，每滿三十人應有原住民當選名額一人。二〇〇五年修憲，廢除國民大會，並將立法委員名額減為一百一十三人，平地原住民與山地原住民立法委員名額又各減為三人[16]。

綜上所述，在我國憲法的架構之下，無論是憲法本文之中的蒙古、西藏、邊疆民族（實際是指四川、西康、雲南、貴州、廣西、湖南六省之西南邊疆民族）與內地生活習慣特殊之國民（實際是指居住各地之回民），或是憲法增修條文對於台灣的原住民族，都明定這些族群的民意代表名額，因此皆有參與中央國政之權利。

---

15 雖然憲法增修條文已改過名稱，但是公職人員選舉罷免法仍然沿用山胞、平地山胞與山地山胞等名詞，倒是地方制度法有關此部分則已改為原住民、平地原住民與山地原住民。

16 有關於原住民在地方層次參政之情形，可參見林柏年（2006：107）、林淑雅（2000：62、105-107）。

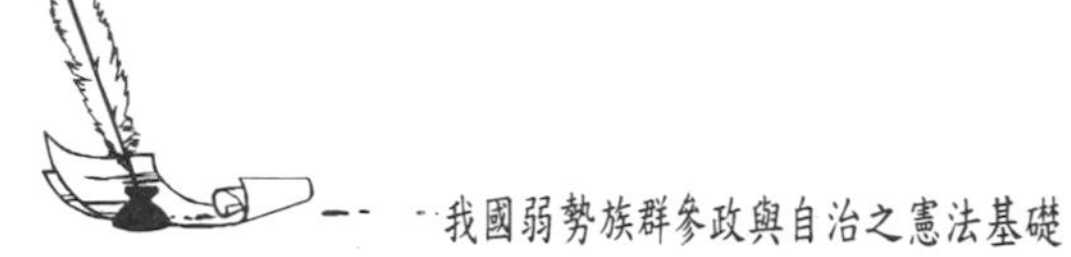

然而憲法本文之中的邊疆民族僅侷限於西南六省之邊疆民族，且內地生活習慣特殊之國民僅指回民，是否有所不足與不平等？即使憲法將上述弱勢族群代表納入中央民意機關之中，他們的比例仍然很低，如果依人數表決，弱勢族群仍然吃虧。薩孟武認爲既然國內各民族一律平等，則中央議會應設置兩院，一院代表各民族，不問人口多寡，均得選出同數的議員，凡關於各民族利害之問題，應得該院同意（薩孟武，1988：57）。

至於憲法增修條文關於台灣的原住民之民意代表名額規定，已使其在立法院的比例超過其人口比例（林淑雅，2000：60-61；林柏年，2006：108），較受人詬病的則是原住民的選舉區，劃分爲平地原住民與山地原住民兩類。此種劃分乃是繼承「生番」、「熟番」的殖民思想，認爲此種區分能代表不同的利益，可其實是採取「原住民同化（漢化）程度差異」的區分標準，不但無法反映選民的特質與利益，而且喪失了各民族的地位，更可能造成族群間的分化與衝突，以及族群內部的宰制與矛盾，此一問題有待解決（林柏年，2006：118-122；林淑雅，2000：62、112-115；林江義，2003：78）[17]。此外，必須指出的是，一九九四年修憲已將山胞正名爲原住民，但現行公職人員選舉罷免法仍然使用山胞、平地山胞與山地山胞等名詞，應儘速予以修正。

---

[17] 李建良指出，一九九九年第五次修憲時，原住民不再區分平地與山地兩類，但因爲該次修憲條文被大法官釋字四九九號解釋宣告違憲而無效（李建良，2003：118）。但該次修憲僅是將國民大會代表之原住民類別改爲「自由地區原住民」，但立法委員之原住民類別仍維持自由地區平地原住民與山地原住民兩類。

伍、弱勢族群自治之憲法基礎

一、基本性質

弱勢族群擁有參與中央國政的權利，是因爲特定國家成立後，弱勢族群主動或被迫加入，他們一旦加入立刻成爲結構性的弱勢，因此必須給予一定的代表權利，以參與國政。雖然未必能有超過太多弱勢族群人口比例的代表名額，但是給予一定的保障名額之後，多元族群的聲音得以彰顯，並和主流的意見溝通交流，達成可能的妥協。此種措施是對外的積極參與，另外一種措施則相反，儘量依弱勢族群的生活方式，以自己管理自己事務，避免國家過度的干預，或者以一般的行政制度強加在弱勢族群身上，造成同化或壓迫，因此是一對族群內部事務的積極管理，寓有相對自主獨立、防禦壓迫宰制之性質[18]。

弱勢族群的參政權爲個人權，牽涉的是參政平等權，弱勢族群的自治權則爲集體權（林柏年，2006：105-135、附件）。早期國際法上有關原住民族人權保障，以平等對待及消除歧視爲重點，最近則強調一定程度的自決、自治權，這也是台灣原住民族社會運動十數年一貫的主張（林江義，2003：83）。

對國家而言，通常傾向在同一法秩序下建構共同的生活型態爲主要目標，以利於統治的便利性與穩定性。弱勢族群地位較不利，國家可給予經濟、社會、文化各方面的補助；在政治權利方面則給予特別之代表權，但是若要進一步給予自治，或甚至是自決權，牽涉因素甚廣，國家

[18] 參照林超駿（2004：324）；林江義（2003：81-82）。

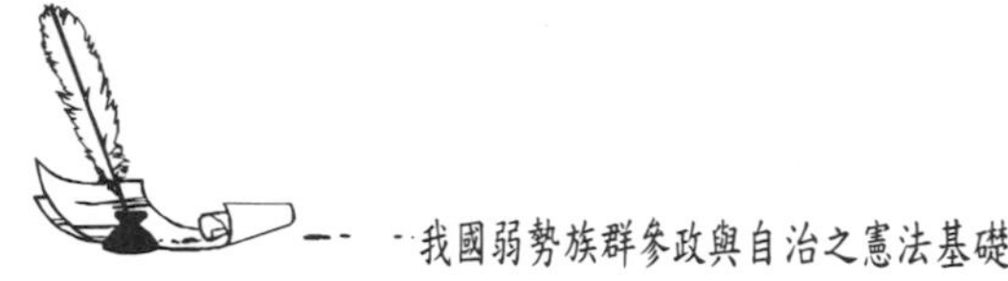

自較爲審慎[19]。

我國憲法將參政權列於基本人權，並將弱勢族群的參政權明定於國會成員的組成中。此外，憲法亦肯認弱勢族群之自治，但主要規定於基本國策之中，這些規定的性質與效力如何，值得討論。學者陳新民認爲基本國策中的條文之性質區分爲：(1)視爲方針條款，規範國家未來發展方向，僅爲期待性規定；(2)視爲憲法委託，有賴立法方得執行；(3)視爲制度性的保障，即一個制度的成立與內容受到憲法明文保障；(4)視爲公法權利，可請求法院之保障，但此類條文甚少。憲法第一百六十八條保障邊疆民族地位應歸爲第二類與第三類（陳新民，1995：805-810）。吳庚區分爲：(1)僅爲理想或遙遠國家目標；(2)憲法委託；(3)屬於實施時最低程度的規定；(4)其他條文多屬指示行政與立法方針之性質，同時亦爲解釋憲法問題之重要基準（吳庚，2004：66-69）。李震山區分爲：(1)釋憲之依據；(2)作爲人民公法請求權基礎；(3)作爲課予立法義務之依據；(4)作爲方針條款（李震山，2005：28-29）。

林明鏘則認爲基本國策乃是憲法對於國家任務與目標的方針提示，既非具有法拘束力的「法律條款」，亦不是僅爲期盼性的規定，而是介於兩者之間，屬於「國家目標規定」。基本國策不賦予個人主觀上公權利，但具有憲法規範上的客觀效力，得拘束行政權、立法權與司法權之行爲。憲法增修條文對於少數民族之保障屬之（林明鏘，1997：1471-1502）。林明昕贊成此一意見，並將「國家目標規定」與「立法委託」同異加以說明，憲法增修條文第十條第十一項之規定即屬國家目標規定，第十條第十二項前段之規定則屬立法委託（林明昕，2004：345-348）。

綜上所述，基本國策中除了憲法第一百六十條第一項之外，幾乎不

---

[19] 雖然有學者主張不應限制民族自決權，但在國際上的實踐，行使民族自決權的主體，被限定於在過去爲西方的殖民地，故不包括被國家包圍陷於內部殖民的原住民族（林柏年，2006：128-132）。

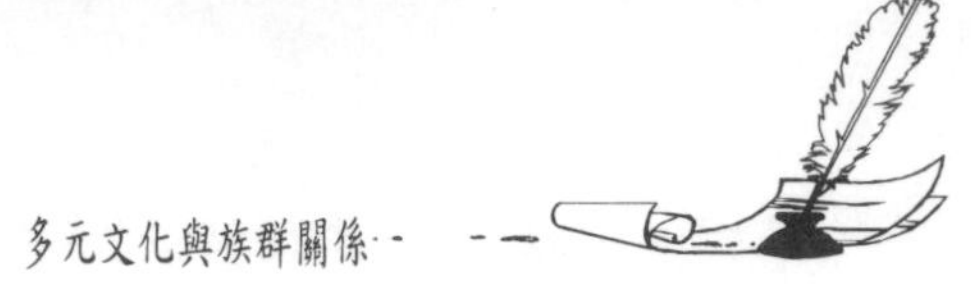

賦予個人主觀上公權利（陳新民，1995：809；李震山，2005：28），僅具有拘束行政權、立法權與司法權的客觀效力，因此並沒有創設主觀的公法權利，因此如何建構弱勢族群「集體權」，遂成爲一重要課題（李建良，2003：115-125；李建良，2005：11-22；林淑雅，2000：39-72；林明昕，2004：352；李震山，2005：287-292）。以下將說明族群自治之憲法基礎。

二、憲法本文

我國憲法本文之中，特別於憲法第十一章「地方制度」中，第一百一十九條與第一百二十條規定蒙古與西藏之自治，另外則於憲法第十三章「基本國策」的第六節「邊疆地區」中，第一百六十八條規定國家應保障邊疆民族之地位，並扶植其自治事業。後者是廣泛對於所有邊疆民族，前者則置意於蒙古與西藏兩個地方。

此類規定明白表示憲法承認弱勢族群風俗文化、語言習慣與社會制度及其與內地文化有所差異，並強調群體對於弱勢人民之重要性，故以憲法諸條文加以明文保障。蒙古於制憲之前已有各盟旗制度，西藏亦有其特殊政治型態，所以將之獨立於一般地方自治制度之外，而予以特別尊重。林紀東認爲憲法對於蒙古自治制度規定以法律定之，而西藏自治制度予以保障，不宜解爲後者不能以法律加以變更（林紀東，1986b：160-162）。但是吳庚指出，憲法對於蒙古採取「制度保障」，憲法關心的是盟旗自治制度的設置，以取代內地的省縣市制度，至於應如何設置委諸法律規定之。相對而言，憲法對於蒙古採取「存續保障」，西藏的政治狀態應照著制憲當時繼續存在，此是因爲兩者情勢有所不同之故[20]。

[20] 制憲者有如此之區別，乃是因爲當時外蒙已獨立，內蒙爲中央統治權所及，不生問題，西藏則懷有分離意識，不得不加以安撫（吳庚 2004：47-48；同意見，黃俊杰，2003：87）。陳新民指出，西藏爲一政教合一之地區，憲法本文

三、憲法增修條文

台灣原住民族長期處於受到異文化的制壓，與文化嚴重流失的艱困處境，近百年來原住民族社會正快速崩解，語言文化流失，甚至族群認同也成為困擾原住民內心世界的問題（林江義，2003：79）。憲法增修條文針對台灣的原住民族，於第十條第十二項前段規定：「國家應依民族意願，保障原住民族之地位及政治參與……，其辦法另以法律定之。」此項規定雖然沒有原住民族自治的字眼，但是從「依民族意願」對「原住民族之地位」之保障，提供了原住民族自治的基礎，也與憲法第一百六十八條規定相仿，但加入民族意願之主觀要件。除此之外，原住民族自治區域的決定還要考慮民族聚居程度、文化差異性、資源充足與否等因素（林淑雅，2000：108-110；許育典，2006：452-455）。

除了脫離國家（自決、獨立）之外，原住民族之自治有三種模式：第一種是將原住民族自治當作一種國家制度，甚至是法律所建構的一項制度，因此原住民族被嵌入地方自治組織之中；第二種模式則是在國家之中形成一種與地方自治團體相當之自治組織體，兩者相互平行、互不隸屬（李建良，2005：19-21）[21]；第三種模式則是在「民族對民族」的架構下，原住民族有權決定自己的各項事務。因此原住民族自治是全國性（國家級）的安排，不是單一體制下的地方自治或權力下放，也不是侷限於狹義的「地域式自治」，還要包含「組合式的自治」，亦即離鄉背井的原住民也有自治的權利（施正鋒，2005：74-75）。就原住民族自治的

秉持歷代懷柔政策，讓西藏成為一個實質上獨立自治的區域，所以憲法對於西藏是一種無限制的保留，也是最明顯的「制度保障」（陳新民，1995：751-752）。

[21] 李建良認為，前兩者模式與脫離國家模式合起來為三種模式（李建良，2005：19-21）。

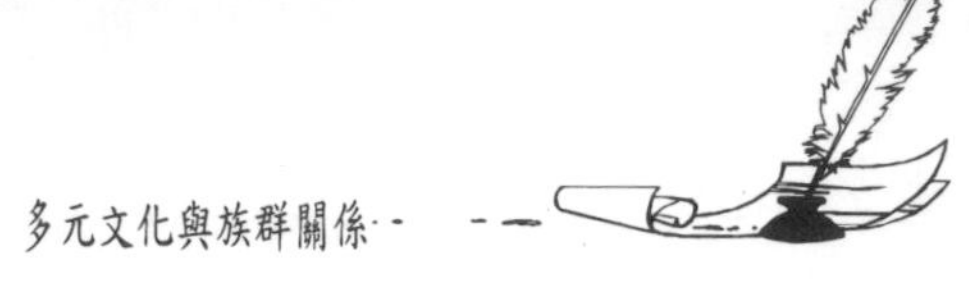

程度而言，第三種最高，第二種次之，第一種最小，但實現的難易程度卻恰好相反。

陳水扁總統先後於一九九九年九月十日、二〇〇二年十月十九日與台灣各原住民族代表簽定「原住民族與台灣政府新的夥伴關係」、「原住民族與台灣政府新夥伴關係再肯認協定」（施正鋒，2005：147）。前者在前言中說明是原住民族代表與總統候選人簽訂的「和平對等條約」，後者則是原住民族代表與現任總統簽訂的「協定」，在上述兩份文件中都宣示台灣政府應與原住民族締結土地條約，給予原住民族土地自主管理權、確定土地領域的族群性與集體性；另外應尊重原住民族自主、自治的地位，推動「原住民族區域自治」（施正鋒，2005：151-156）。因此有意建立類似於國家與原住民族的對等夥伴關係，但此種高度政治性的夥伴關係，是否接近憲法上西藏的地位？以及是否符合憲法的架構，不無疑問。

二〇〇五年公布的原住民族基本法，已在現有的法律架構下儘量放寬彈性，用以確立原住民族自主、自治的地位。該法第四條規定：「政府應依原住民族意願，保障原住民族之平等地位及自主發展，實行原住民族自治；其相關事項，另以法律定之。」本條延續憲法增修條文之精神，探詢原住民族之意願是否實施自治，並確立原住民族自治，為保障原住民族之平等地位及自主發展之重要途徑。

該法第五條規定：「國家提供充分資源，每年應寬列預算協助原住民族自治發展。（第二項）自治區之自治權限及財政，除本法及自治相關法律另有規定外，準用地方制度法、財政收支劃分法及其他法律有關縣（市）之規定。」本條規定國家對於自治區的財政責任，並第一次出現「自治區」概念。前條並未規定何種形式之自治，有賴其他法律定之。除本法及他法另有規定外，本條將自治區的權限與財政比照縣（市）之規定，因此原住民族自治區似乎是與縣（市）地方自治團體相互平行（黃俊杰，2003：88），屬於上述的第二種模式[22]。該法並未清楚規定自治區隸屬於

22 自治區的安排可分為兩種：一是如美國與加拿大，在現有的行政區另外劃特

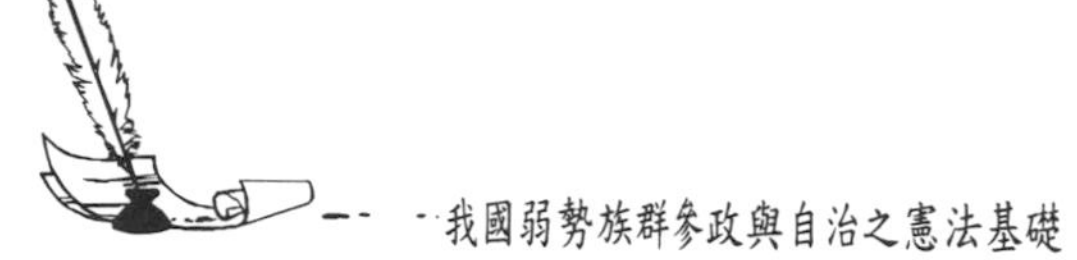

何機關？同法第六條又規定政府與原住民族自治間權限發生爭議時，由總統府召開協商會議決定之，似乎又有上述第三種模式之痕跡。

考量到台灣現實情形，原住民族自治區與大社會有密不可分的情形，所以接下來所研擬的原住民族自治法草案，朝一般社會大眾所能接受，而且對於現行國家體制衝擊最小的方向，因此立法上的定位朝國內地方事務規劃。立法的方式不採取高密度規範的實體法方式呈現（甲版本），而是採取原則性的寬鬆架構，亦即是程序法方式立法（乙版本）。此種方式的好處是尊重原住民族意願並保持彈性，缺點是其中權利義務並不明確，將來實踐上恐怕會產生許多爭議（林江義，2003：81-82）。

因爲本法是朝國內地方事務且程序法性質規劃，所以草案[23]第九條第一項規定：「自治籌備團體應與行政院原住民族委員會共同擬定自治區條例，並依法律制定程序辦理。」一方面將實體性規定交由自治區條例規範，另一方面仍須依循立法程序爲之。此外，草案第十四條規定：「中央與自治區間權限遇有爭議時，由立法院院會議決之。（第二項）自治區間、自治區與地方自治團體間事權發生爭議時，由行政院解決之。」草案第十四條第一項相當於地方制度法七十七條第一項前段：「中央與直轄市、縣（市）間權限遇有爭議時，由立法院院會議決之。」草案第十四條第二項相當於地方制度法七十七條第二項前段：「直轄市間、直轄市與縣（市）間，事權發生爭議時，由行政院解決之。」由此看來，原住民族自治法草案是朝前述第二種模式規劃，與原住民族基本法第六條規定：「政府與原住民族自治間權限發生爭議時，由總統府召開協商會議決定之。」亦有不同。

定區域給原住民族；一是如匈牙利，現有的行政區域透過一定程序轉型成原住民族區域（陳銘祥、趙威寧，2001：154）。

[23] 原住民族自治區法草案，參見《台灣本土法學雜誌》第四十七期，2003 年 6 月，頁 126-129。

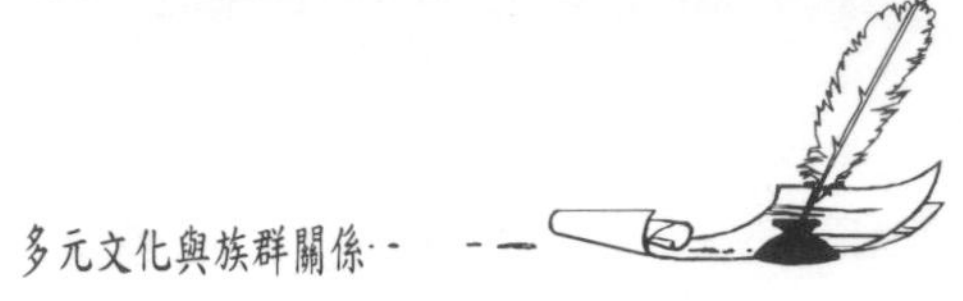

憲法增修條文回應台灣原住民族運動與原住民族的需求（謝世忠，1987；王甫昌，2003：101-119；李建良，2003：115-125；李建良，2005：11-13；陳心怡，2001：111-115；張嘉尹，2005），所欲建構的原住民族自治，本文認爲有幾點值得注意：

1. **建構新的族群自治**：憲法增修條文主要以台灣地區爲規範對象，它所面對的弱勢族群不再是中國大陸的蒙古、西藏、邊疆民族與內地生活習慣特殊之國民。不論台灣原住民族在憲法增修條文制定之前是屬於憲法本文的邊疆民族，抑或是內地生活習慣特殊之國民，在憲法增修條文制定之後，肯定了「原住民族」作爲憲法的主體之一，取得獨立規範的地位，彰顯了憲法本土化的趨勢。但原住民族的地位與參政之保障，須依法律定之，因此與憲法第一百一十九條對蒙古自治或憲法第一百六十八條對邊疆民族自治的規範方式相同，而與憲法第一百二十條對西藏自治的規範方式不同。也因此，憲法增修條文似乎不是建立國家與原住民族對等關係，而係國內以族群爲主體的自治事務[24]。
2. **原住民族的主體性**：原住民族自治事務屬於法律保留── 須依法律定之，在國會之中雖有保障原住民族參政的名額，但比例仍低，因此原住民族的自治仍是由強勢族群主導，如此一來原住民族的主體性仍然羸弱。目前修憲十分困難的情形下，設置民族議會可行性不高，或可研議在國會之中建立一特別機制，例如由相同名額的族群代表組成特別委員會，對於原住民族相關法規、中央與自治區間的權限爭議，擁有議決權，並依特別程序進行。
3. **族群自治實踐可能性**：雖然原住民族基本法已規範原住民族的各項

[24] 從而原住民族自治具有金里卡所言的「內在限制」，亦即原住民自治不能違反自由主義價値，若原住民族自治政府之相關法規或命令違反之，則屬無效（林超駿，2004：324-325）。

權益，並以三年爲期，依該法之原則修正、制定或廢止相關法令。但學者專家也憂慮該法超脫憲法的框架，並與台灣的現實環境及公共利益（如地狹人稠、原漢社會高度交織與政治和諧、有效治理等）有所衝突（黃錦堂，2005）。對於原住民族的自治，原住民族是否有共識、是否有足夠的人才、大社會是否接受、政府支持的態度如何？最重要的是自治區的劃分將牽動政治勢力的重分配，自治區自治財源的取得也將影響中央對於自治團體的統籌分配款，致產生一定的排擠效應，這些都是必須謹慎面對的課題（林江義，2003：83-84；陳銘祥、趙威寧，2001：159-160）。

陸、結論

以自由主義爲主的西方現代民主憲政體制，形式上表現出客觀、中立的憲政語言，強調個人的自由、平等權利，卻未能從實質的觀點，肯認族群作爲憲政權利的主體，重視文化的差異。所幸十幾年來西方的多元文化主義思潮，深刻檢討與塡補了此一部分，尤其是金里卡主張賦予原住民族自治權限、參與中央政府國政的機會、民族多元（文化）權利三項特殊權利（Kymlicka, 1995: 26-33；林超駿，2004：322-323）。

我國於一九四六年制訂憲法，當時即明白肯認我國爲一多元民族的國家，憲法兩次強調民族平等與種族平等，並多次使用民族、邊疆民族等字眼，給予弱勢族群特別的差別待遇，符合多元文化主義的精神。特別是憲法關於國會的組成，給予弱勢族群一定名額的保障，並在基本國策中積極肯定弱勢族群的自治與相關保障，前者有利於提升弱勢族群參與國政的機會與能力，彰顯不同於主流的聲音，在立法過程中保障其權益；後者則是強調以族群爲團體，管理自己的事務，以保障其固有的社會文化傳統，避免國家體制的壓迫。參政權爲個人權，強調對外參與，

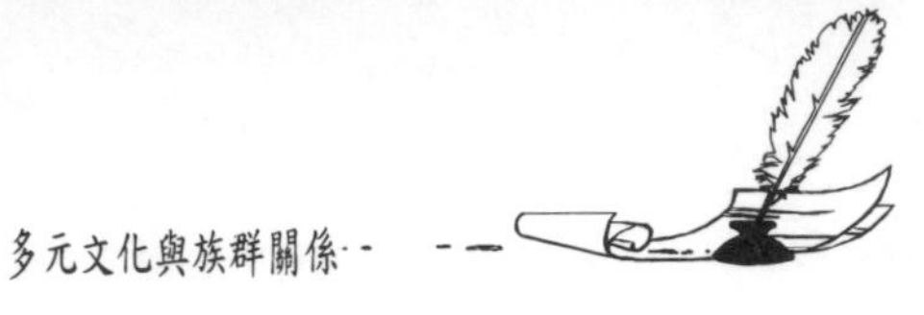

族群自治則強調對內治理，兩者互補相乘，有利於弱勢族群其他權利的開展，以及族群的生存與發展。

憲法增修條文將憲法的眼光移向台灣地區，將原住民族列入憲法之中，肯認「多元文化」為國家法秩序的核心價值，突顯文化多樣性與差異性，實為進步的修憲措施。至於後續關於原住民族的相關立法，仍要注意是否能夠彰顯原住民族的主體性，並考量台灣現實整體的環境，始能落實憲法保障弱勢族群之精神。

參考書目

一、中文部分

王甫昌（2001），〈省籍融合的本質——一個理論與經驗的探討〉，收入張茂桂等著《族群關係與國家認同》，台北：業強出版，頁 53-100。

王甫昌〈2003〉，《當代台灣社會的族群想像》，台北：群學出版。

江宜樺（1998），〈麥可・瓦瑟論多元族群社會的國家認同〉，收入蕭高彥、蘇文流主編《多元主義》，台北：中研院中山人文社會科學研究所，頁 411-440。

李佳玟（2004），〈壓迫與解放——美國種族主義中的認同政治（下）〉，《成大法學》第八期，頁 109-155。

李建良（1998），〈民主政治的建構基礎及其難題：以「多元主義」理論為主軸〉，收入蕭高彥、蘇文流主編《多元主義》，台北：中研院中山人文社會科學研究所，頁 101-151。

李建良〈2003〉，〈淺說原住民族的憲法權利——若干初探性的想法〉，《台灣本土法學雜誌》第四十七期，頁 115-125。

李建良〈2005〉，〈變遷中的原住民權利——原住民族自治權的法理論述〉，第一屆原住民民族法學研討會 2005 年 5 月 28、29 日。

李惠宗（2006），《憲法要義》，台北：元照公司。

李震山（2005），《多元、寬容與人權保障——以憲法未列舉權之保障為中心》，台北：元照公司。

吳庚（2004），《憲法的解釋與適用》，台北：自刊本。

法治斌、董保城（2002），《中華民國憲法》，台北：空中大學。

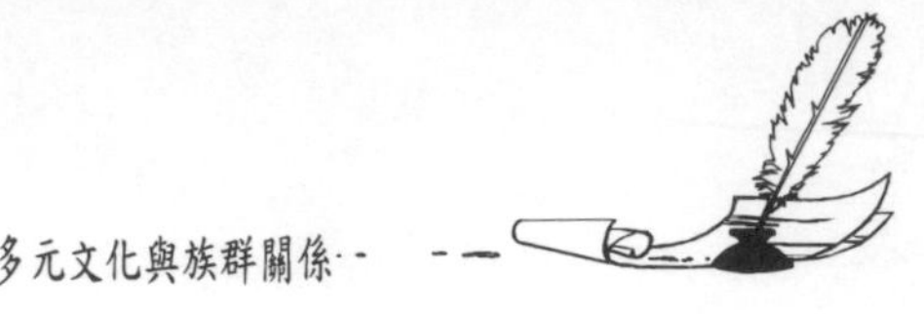

林火旺（1998），〈公民身分：認同和差異〉，收入蕭高彥、蘇文流主編《多元主義》，台北：中研院中山人文社會科學研究所，頁379-409。

林江義（2003），〈原住民族自治制度的立法現況與展望〉，《台灣本土法學雜誌》第四十七期，頁77-84。

林明昕（2004），〈原住民地位之保障作為「基本權」或「基本國策」？〉，《憲政時代》第二十九卷第三期，頁335-358。

林明鏘（1997），〈論基本國策──以環境基本國策為中心〉，收入李鴻禧教授六秩華誕祝賀論文集編輯委員會編《現代國家與憲法》論文集，台北：月旦出版社，頁1465-1504。

林紀東（1985），《中華民國憲法逐條釋義》（第一冊），台北：三民書局。

林紀東（1986a），《中華民國憲法逐條釋義》（第二冊），台北：三民書局。

林紀東（1986b），《中華民國憲法逐條釋義》（第四冊），台北：三民書局。

林柏年（2006），《台灣原住民族之權利與法制》，台北：稻鄉出版社。

林淑雅（2000），《第一民族──台灣原住民族運動的憲法意義》，台北：前衛出版社。

林超駿（2004），〈初論多元文化主義〈Multiculturalism〉作為我國原住民權益保障之理論基礎──以 Will Kymlica 與其對手間之辯論為起點〉，收入法治斌教授紀念論文集編輯委員會編《法治與現代行政法學──法治斌教授紀念論文集》，台北：公益信託法治斌教授學術基金，頁309-341。

施正鋒（2005），《台灣原住民族政治與政策》，臺北：新新台灣文化教育基金會。

涂子麟（1985），《國父思想》，台北：三民書局。

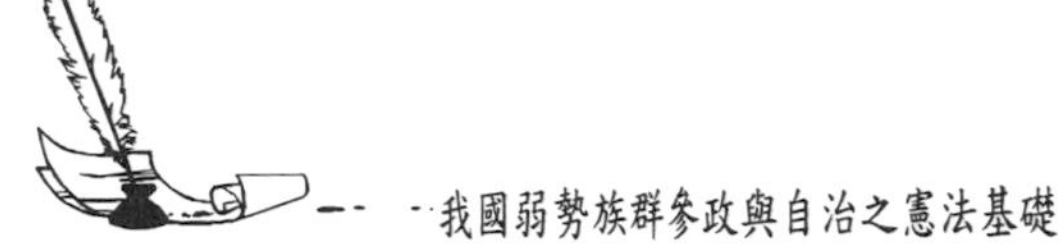

徐火炎（1998），〈多元主義與民主政治：被俘虜的政府與民眾〉，收入蕭高彥、蘇文流主編《多元主義》，台北：中研院中山人文社會科學研究所，頁 237-268。

孫中山（1988a），〈中國國民黨第一次全國代表大會宣言〉，收入中國國民黨黨史會編《國父全集》，台北：黨史會，頁 877-887。

孫中山（1988b），〈合五族為一體建設共和〉，收入中國國民黨黨史會編《國父全集》，台北：黨史會，頁 264-265。

陳心怡（2001），《戰後台灣原住民族政策之研究（1945-2000）——權力關係與政策選擇觀點》，台灣大學國家發展研究所博士論文，未出版。

陳素秋（2005），〈多元文化主義〉，收入洪泉湖編《台灣的多元文化》，台北：五南出版，頁 3-15。

陳新民（1995），《中華民國憲法釋論》，台北：自刊本。

陳銘祥、趙威寧（2001），〈台灣原住民族自治與立法〉，《月旦法學雜誌》第七十四期，頁 152-160。

黃俊杰（2003），〈原住民權利保障與自治財政〉，《台灣本土法學雜誌》第四十七期，頁 85-93。

黃俊龍譯，James Tully 著（2001），《陌生的多樣性——歧異時代的憲政主義》，台北：聯經出版公司。

黃錦堂（2005），〈原漢分裂的原民政策？〉，《中國時報》A15 版，08/02。

許育典（2006），《文化憲法與文化國》，台北：元照公司。

張茂桂（2005），〈族群、種族、民族與族群關係〉，收入瞿海源、王振寰主編《社會學與台灣社會》，台北：巨流出版，頁 163-186。

張嘉尹（2005），〈多元族群、國家認同與憲政改革〉，「憲法實踐與憲改議題」圓桌討論會，2005 年 6 月 25 日。

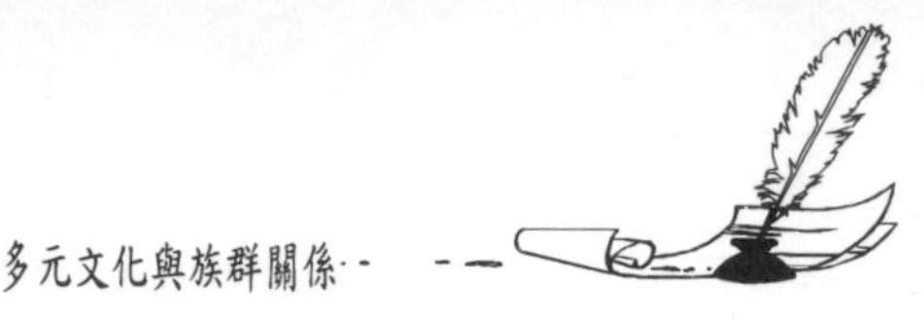

廖元豪（1996），〈美國「種族優惠性差別待遇」合憲性之研究MM 兼論平等原則之真義〉，《東吳法律學報》第九卷第二期，頁 1-44。

廖元豪（2004），〈實質平等〉，《月旦法學教室》第二十七期，頁 38-41。

應奇（1999），《社群主義》，台北：揚智文化。

謝世忠（1987），《認同的污名——台灣原住民的族群變遷》，台北：自立出版。

薩孟武（1988），《中國憲法新論》，台北：三民書局。

羅世宏等譯（2005），Chris Barker 著，《文化研究理論與實踐》，台北：五南圖書出版。

蕭高彥（1998），〈多元文化與承認政治論〉，收入蕭高彥、蘇文流主編《多元主義》，台北：中研院中山人文社會科學研究所，頁 487-509。

二、英文部分

Kymlicka, Will (1995), *Multicultural Citizenship.* New York, Clarendon Press.

我國現行法規範中少數群體語言權之初探

吳孟珊*、李炳南**

壹、前言

貳、語言權之權利內涵

參、我國現行法制中少數群體語言權分析

肆、我國現行法制中少數群體語言權的檢討

* 臺灣大學國家發展研究所博士候選人。

**臺灣大學國家發展研究所教授兼所長。

壹、前言

一、研究動機

筆者的父母皆爲所謂的本省人，但因其大學畢業後就在台北任教，所以家裡使用的語言一直都是「國（華）語」，只有在回老家時才有母語溝通的機會。隨著祖父母輩的凋零，以及學業與工作上的需要，說英文的時間，比說 Holo 話的時間還多。某天，以 Holo 話與民宿主人聊天時，才驚覺語言消失的速度比復原的速度還快。當原住民歌手爲了市場的需要以「國（華）語」唱著 R&B、RAP，表面上看來，人類語言逐漸「大同」的潮流也許是個健全的趨勢，可以消弭族群間的緊張關係，促進全球貿易[1]，但也不禁爲可能流逝的原住民語而感傷。

語言除了具有溝通的功能外，還肩負著族群認同、文化傳承的功能，語言的消失，連帶影響一個族群的發展與延續，然而少數族群的語言權卻總是遭到壓抑與忽視，且無法面對優勢族群在「民族締造」過程中以官方語言設定的方式，對「少數民族」語言不正義的壓制。雖然今日「多元文化主義」的觀念已逐漸深入人心，但如果法律規範的結構環境並未隨之改變，亦只徒負形式而已。

Will Kymlicka 爲加拿大的政治學家，其於二〇〇一年《少數群體的權利——民族主義、多元文化主義與公民權》一書中，特別針對「少數民族」的權利提出進一步的探究。他認爲自由民主國家如果爲多民族所組成，那麼在「民族國家建構」的過程中，爲了進行政治的統治以及確保

---

1 科學人雜誌網站，搶救瀕臨滅絕的語言，http://www.sciam.com.tw/read/readshow.asp?FDocNo=120&CL=19

權利的鞏固，居於政治優勢的民族，其文化必定得到最大程度的扶植，舉凡官方語言的選定、教育制度的設計，優勢民族都占有決定性的地位。而居於弱勢的民族，因爲語言權的被控制，其文化傳承相形困難，這是一種不公正的對待。因此他主張應儘量賦予少數民族政治上相當的權利。筆者認爲 Will Kymlicka 對於「少數民族」的看法，雖然是以對歐美國家的觀察爲立論基礎，但我國「少數民族」也遭遇相同的困境，應有可資借鏡之處。因此，在研究的過程中，本文試以 Will Kymlicka 之理論架構作爲分析的輔助，互相關照，提出法規面向的比較研究。

二、研究範圍、方法及本文架構

本文的研究範圍爲我國法規範中與語言權有關的之規定。這些規定散諸於包括「憲法」、「國籍法」、「原住民教育法」、「刑事訴訟法」、「民事訴訟法」、「就業服務法」、「九年一貫課程綱要」等法規中。筆者利用「全國法規資料庫入口網站」、「法源法律網」及「教育部網站」，鍵入關鍵字「語言」或「語」，搜尋出與語言權相關之法規範以作爲本文研究分析的對象。

研究的架構及方法上，本文第二節以「語言權」之定義出發，說明語言權與人權的關係，並探討語言權可能的規範面向，以作爲第三節的法規分類標準。第三節，試圖從語言權可能的規範面向解構現行法規，並以 Will Kymlicka「少數群體權利的自由主義理論」作爲批判、比較的基礎。最後，期對未來語言權之相關立法提出適切的建議。

貳、語言權之權利內涵

一、語言權之定義

語言權的興起與發展和近代的一些社會現象有關：包括民族主義的興起、民主思想與教育的普及、公共媒體的發達、都市化以及人口的大量移動等。日本學者鈴木敏和將語言權定義爲：「語言權係指自己或自己所屬的語言團體，使用其所希望使用的語言，從事社會生活，不受任何人妨害的權利」[2]。鈴木敏和進一步闡述上述定義之可以使用要點如下：

1.語言權雖然有其個人面向，不過要求語言權的主體應是少數語言使用的團體；語言權主張的內容是復興或是繼承「本來的語言」，追求自己文化的認同。

2.「從事社會生活」指的是：

(1)最重要的是鞏固家庭所使用的語言。

(2)保障「學校教育所使用的語言」。

(3)確保大眾傳播媒體少數語言的使用。

3.少數語言的使用權利，必須透過法律制度以及設置保護少數語言權的政府機構。

上述定義，對少數族群而言，語言權的目的就是在於要求在社會生活中使用少數群體語言的權利，藉以維繫、發揚族群的語言和文化。

然而，除了文化延續的觀點外，Will Kymlicka 提出了「使用方言的政治」的概念，認爲當代民主的參與與方言的使用間有極大的相關，在

---

[2] 引自《語言政策及制訂「語言公平法」之研究》，頁 99

語言自治團體中，參與者使用母語暢所欲言爲政治辯論，除了具有方便性外，還提供母語使用的經常性，將刺激更多的政治參與，使得國家組織的優勢族群必須要正視其意見，進而確保其在文化上與政治上的地位。Will Kymlicka 強調語言權的立法，除透過立法規定消極的保障弱勢語言使之免於強勢語言的威脅、確保文化延續外，並希望賦予少數民族積極的自治地位。反映在法律規範中，主要是語言的價值及使用平等規範的宣示與弱勢語言的保護兩方面的規定。語言權的保障有其必要性，唯需考慮的是「語言權實踐」[3]的形式與深度。

二、語言權與人權的關係

語言權與人權的關係，筆者認爲，有三種可能的關係存在：

1.語言權爲基本人權的一種。

---

[3] 具體而言，語言權的實踐可以從四個面向來看：(1)究竟政府要採取消極地包容、或是避免打壓少數族群的語言，還是邀積極地加以復育、或是推動，特別是想辦法增加少數族群語言在公共領域的能見度；(2)究竟是要重視語言的溝通功能、輔助不懂通用語言者的方式，還是要強調語言地位的平等，也就是說，不管是支配性族群、還是少數族群，所有族群的語言都是官方語言、或是國家語言；(3)究竟是要採取因地制宜（territorial）的方式，也就是制定區域性通用語言，還是採取屬人（personality）的語言權原則，也就是不管公民身在何處，其語言都可以行得通；(4)究竟語言權的所有者（bearer）是個人、還是集體，也就是說，是否要考慮少數族群的人數多寡（viability）、以及提供服務的可行性（feasibility），或是要不要考量少數族群本身的意願（施正鋒，「語言人權」）。

2.語言權爲基本人權的必要補充[4]。

3.語言權僅爲立法政策與國家目標設定事項[5]。

語言權是否爲基本人權的一種，Cranston[6]針對此點提出三項檢驗人權的標準，分別是實際性（必須要務實可行）、重要性（對人類生命極爲重要，不可或缺）、普世性（放諸四海皆準）。以此標準來看，有學者認爲少數群體語言權的重要性檢測是獲得高度共識的，但對於第一項及第三項的標準，則有因個案而有不同的分歧。因此，爲證成語言權的基本人權性質，有學者認爲，以語言的表達功能觀之，似乎可以歸屬於言論自由的範疇而受到基本人權的對待。但 Will Kymlicka 卻認爲[7]，如果語言權並非傳統之基本人權之一種，則靠基本人權不足以解決甚至是會惡化族裔文化不公平的狀況。因爲基本人權僅保障個人的權利，個人權利的保護不見得可促進集體的生存。他舉了三個例子來說明，僅有個人權利不足以保護少數族群的權利。其中，以官方語言政策來說，人權文件的確禁止國家壓制「少數語言」在私領域中的使用，但並沒有進一步確保「少數語言」在政府部門的、公共領域中的使用權利。儘管新近的國際人權發展趨勢試圖確保「少數語言」在公共領域中使用的權利，但還是敵不過市場機制的選擇。因此 Will Kymlicka 認爲匡正之道是，自由民主政體必須有所修正，打破民主政治多數決的傳統，允許少數民族建構「使用方言的政治」，使少數民族的語言權獲得保障，從消極的被保護進步到積極的政治使用目的上，使「少數」與「多數」一樣，有相同的機會使用他們的母語來工作、生活，而建立某種程度的自治，如此才有助於少數

---

4 〈少數群體的權利──民族主義、多元文化主義與公民權〉，頁 45。

5 陳春生，＜人權條款的檢視增補──經濟、社會及文化權的增補＞，檢自：http://www.iias.sinica.edu.tw/941216pdf/941217_1_1.pdf。

6 李憲榮，〈加拿大的英法雙語政策〉，語言公平網站。

7 〈少數群體的權利──民族主義、多元文化主義與公民權〉，頁 256。

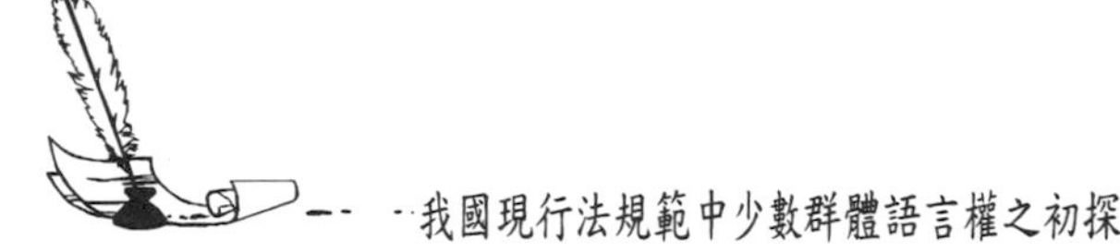

民族語言的維持與發展。

然而，此種說法是否符合我國目前現況尚待評估。因爲以臺灣的少數族群人數、分佈的不集中、語言使用的主要範疇，是否可建立臺灣的客家縣、閩南鄉是有疑義的。

若語言權僅爲立法政策與國家目標設定事項，則恐因政權的移轉而有變動之風險。因此，從多元文化主義的角度視之，筆者認爲，雖然 Will Kymlicka 的理論仍有適用上的瑕疵，但其精神仍可爲制訂語言權的參考依據。

三、語言權之規範面向

語言權是一個廣大且抽象的概念，法律條文的規範可分爲兩大方面：一是原則性的宣示；二是具體事項的規定。原則性的宣示通常規定於憲法、基本法中，而具體事項的規定，則散見各個相關的法律命令裡。如果關於權利事項僅有原則性的例示規定，可能因其抽象性、原則性的本質而在適用上造成分歧的狀況；或因其僅爲原則性的規定，若缺乏具體事項規定的補強，則該權利將因無法落實反而不受重視，形成標準高懸的虛空狀態。然而，若具體事項規範散諸各法規，確有可能反而致使研究時的龐雜難辨。爲解決此一問題，筆者參考劉兆隆在「各國憲法中的語言關懷」[8]一文中，所提出的語言權規範面向作爲未來法規分類的標準。

劉兆隆將世界各國的憲法條文中關於語言事務的規定分爲以下幾大類項：

[8] 劉兆隆（2002），〈各國憲法中的語言關懷〉，收於施正鋒編《語言權利法典》，台北：前衛出版社。

1.明訂國語（官方語言）：明訂該國的強勢語言爲何？若一國之中同時存在一種以上的語言時，究竟是以何種語言爲國語或官方語言？該官方語言與少數民族語言的關係爲何？

2.平等條款：宣示憲法基於天賦人權，保障所有人在法律之前一律平等。

3.少數族群與原住民保障條款：針對少數民族的身分衍生出其他權利保障的規定。

4.特殊語言（含母語）保障條款：針對少數民族使用語言權利的保障規定。

5.行政事務相關條款：指行政機關處理公務時的語言使用原則。

6.立法事務相關條款：指國會或議會討論時對於語言使用的規定。

7.司法事務相關條款：當人民權利受侵害或需受到司法調查時，可以以人民可瞭解的語言保障其司法上的權利。

8.母語教育：針對少數民族特殊語言之教育權利的保障規定。

9.傳媒使用語言：大眾傳播媒體使用特殊語言的保障。

10.其他：如錢幣上語言使用的規範。

由此可知，語言立法的規範面向十分多元，本文以下討論基本上也由此分類分析之，但因第 4 項的定義與範圍與其他各項接近，故捨之不論。

參、我國現行法制中少數群體語言權分析

一、我國現行法制中少數群體語言權的規定

純粹就實證法的角度來看，台灣並無真正直接規定何種語言爲「國家語言」(national language)、或是「官方語言」(official language)。不過，民國六十二年一月二十二日教育部訂定公布「國語推行辦法」[9]，努力推行「國語運動」。但該法只提出推行辦法，並未明訂何種語言爲「國語」。以實際狀況而言，此法之「國語」指涉的就是「北京官話／北京話／華語」(Mandarin)。母語、方言遂成爲被打壓的弱勢語言。

語言平等一直是母語運動者所追求的目標。民進黨執政後，台灣團結聯盟（台聯黨）立委程振隆首先在二〇〇二年發難，主張將「台語」列爲「第二官方語言」[10]，以打破長期以來的「獨尊國語政策」。不過，在媒體的抨擊聲中，當時的教育部長黃榮村在立法院表態說，教育部將制定「國家語言文字平等法」，把國語、閩南語、客家語、原住民語四種語言全部列爲「國家語言」，視四種語言同等重要[11]。四種語言都是國家

[9] 「國語推行辦法」已於民國 92 年 2 月 12 日經教育部台參字第 0920019503 號令廢止。

[10] 〈臺語列官方語？在野黨：製造族群分裂〉，檢自：http://www.cdn.com.tw/daily/2002/03/10/text/910310aa.htm

[11] 〈教部研訂國家語文平等法〉，檢自：

語言，應該一視同仁，並且答應提出「國家語言平等法」。

隨後，行政院客家委員會為了履行陳水扁總統「制定語言平等法」的競選承諾，在二〇〇二年委託學者草擬「語言公平法」[12]。在這同時，教育部國語推行委員會也委請專家草擬「語言文字基本法」。並於二〇〇三年初，參酌各方草案由教育部國語推行委員會提出「語言平等法」草案。但因該草案，將河洛語、華語、客家語與十一種原住民語都列為「國家語言」，引發社會不同意見，行政院游前院長以時機不成熟為由，立即喊停。並稱目前具有官方語言特質的只有「國語」[13]。後來教育部以教育中立、維護族群融洽、語言為文化資產為由，將有關「語言平等法」研議、制定事項，移請行政院文化建設委員會主政。文建會後來公布「國家語言發展法」草案[14]，明確定義國內各族群固有的自然語言和所屬方言都是國家語言，地方政府依據實際的需要，可透過地方民意機構如縣市議會、鄉鎮代表立法通過地方性的通用語言。

但由於事涉敏感，目前通盤的語言發展立法還在努力之中。為逐步推動「語言平等」，政府於二〇〇〇年四月十九日公布「大眾運輸工具播音語言平等保障法」，是目前唯一一部以語言平等保障為立法目的的法典，內容規定國內大眾運輸工具的播音，必須加播其他語言。此外，散落在各法規中有關語言保障的相關規定，算是過渡時期不得已的措施。

以下，筆者將我國現行法制中少數群體語言權的規定，以上節所述之規範面向整理比較，結果如表 3-1：

---

www.cdn.com.tw/live/2002/06/13/text/910613e3.htm

12 行政院客家委員會委託研究報告，《語言政策及制訂「語言公平法」之研究》。

13 〈黃榮村：國語為唯一的官方語言〉，檢自：
http://www.tvbs.com.tw/news/news_list.asp?no=eveno20030224114710

14 〈地方政府可立法自訂通用語言〉，檢自：
http://www.mdnkids.com/info/news/adv_listdetail.asp?serial=27642&keyword

表 3-1　我國法制中少數群體語言權之規定

規範面向	
明訂國語	**教育部國語推行委員會組織條例（民國 34 年 06 月 09 日公布）** 第 1 條：教育部設國語推行委員會，其任務如下： 一、關於本國語言文字整理之審議事項。 二、關於本國語言文字標準書籍之編訂事項。 三、關於本國語言文字資料之蒐集事項。 四、關於本國語言文字教學方法之實驗改進事項。 五、關於統一中外譯名音讀標準之訂定事項。 六、關於推行國語教育人員之訓練事項。 七、關於國內不識字者及僑居國外人民語文教育之設計、實施及視導事項。 八、關於邊疆地方施行語文教育之設計事項。 九、其他關於語文教育事項。
平等條款	**中華民國憲法增修條文（民國 94 年 6 月 10 日修正）** 第 5 條：中華民國各民族一律平等。 第 7 條：中華民國人民，無分男女、宗教、種族、階級、黨派，在法律上一律平等。 第 11 條：人民有言論、講學、著作及出版之自由。 **就業服務法（民國 92 年 05 月 16 日修正）** 第 5 條：為保障國民就業機會平等，雇主對求職人或所僱用員工，不得以種族、階級、語言、思想、宗教、黨派、籍貫、性別、婚姻、容貌、五官、身心障礙或以往工會會員身分為由，予以歧視。…… **大量解僱勞工保護法（民國 92 年 02 月 07 日公布）**

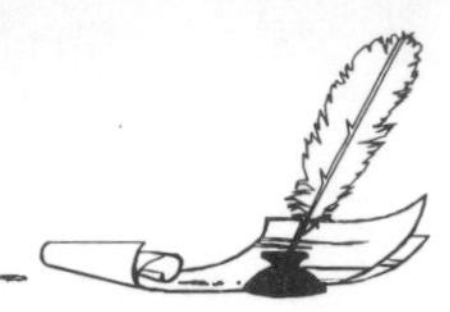

	第 13 條：事業單位大量解僱勞工時，不得以種族、語言、階級、思想、宗教、黨派、籍貫、性別、容貌、身心障礙、年齡及擔任工會職務為由解僱勞工。……
少數族群與原住民保障條款	**中華民國憲法增修條文(民國 94 年 06 月 10 日修正)** 第 10 條：……國家肯定多元文化，並積極維護發展原住民族語言及文化。……
特殊語言(含母語)保障條款	**原住民族基本法（民國 94 年 02 月 05 日公布）** 第 9 條：政府應設置原住民語言研究發展專責單位，並辦理族語能力驗證制度，積極推動原住民族語言發展。 政府提供原住民族優惠措施或辦理原住民族公務人員特種考試，得於相關法令規定受益人或應考人應通過前項之驗證或具備原住民族語言能力[15]。……
行政事務相關條款	**公證法（民國 88 年 04 月 21 日修正）** 第 74 條：請求人不通中國語言，或為聾、啞人而不能用文字表達意思者，公證人作成公證書，應由通譯傳譯之。但經請求人同意由公證人傳譯者，不在此限。 **國籍法（民國 95 年 01 月 27 日修正）** 第 3 條：外國人或無國籍人，現於中華民國領域內有住所，並具備下列各款要件者，得申請歸化：…… 五、具備我國基本語言能力及國民權利義務基本常識。 **歸化取得我國國籍者基本語言能力及國民權利義務**

[15] 法規：原住民學生升學優待及原住民公費留學辦法（民國 93 年 10 月 29 日修正）第 3 條：原住民學生報考高級中等學校以上學校新生入學考試（研究生及學士後各系招生除外）之優待方式。

	基本常識認定標準（民國 94 年 11 月 15 日發布） 第 2 條：本法第三條第一項第五款所稱具備我國基本語言能力，指在日常生活上能與他人交談、溝通，並知曉社會相關訊息。 第 6 條：歸化測試分為口試及筆試，依下列規定辦理，參加歸化測試者得擇一應試： 一、口試：以問答方式辦理，得就華語、閩南語、客語或原住民語擇一應試。 二、筆試：以選擇題方式辦理，測驗卷書寫系統以華語為之。……
立法事務相關條款	無
司法事務相關條款	**刑事訴訟法（民國 93 年 06 月 23 日修正）** 第 99 條：被告為聾或啞或語言不通者，得用通譯，並得以文字訊問或命以文字陳述。 **民事訴訟法（民國 92 年 06 月 25 日修正）** 第 207 條：參與辯論人如不通中華民國語言，法院應用通譯；法官不通參與辯論人所用之方言者，亦同。…… **法院組織法（民國 95 年 02 月 03 日修正）** 第 97 條：（傳判時所用語言）法院為審判時，應用國語。 **軍事審判法（民國 92 年 06 月 11 日修正）** 第 44 條：軍事法庭為審判時，應用中華民國語言。 第 45 條：被告、證人、鑑定人及其他有關係之人，如有不通中華民國語言者，由通譯傳譯之，其為聾啞之人，亦同。 第 46 條：訴訟文書應用中華民國文字。但有供參考之必要時，得附記所用方言或外國語言。
母語教育	**原住民族教育法（民國 93 年 09 月 01 日修正）** 第 1 條：根據憲法增修條文第十條之規定，政府應依

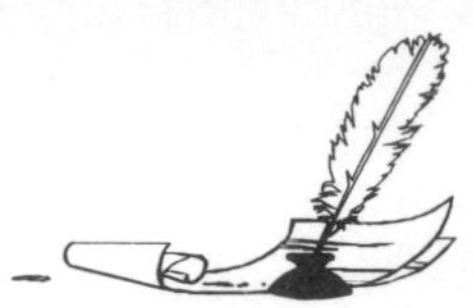

	原住民之民族意願，保障原住民之民族教育權；以發展原住民之民族教育文化，特制定本法。…… 第 2 條：原住民為原住民族教育之主體，政府應本於多元、平等、自主、尊重之精神，推展原住民族教育。……
傳媒使用語言	**廣播電視法（民國 92 年 12 月 24 日修正）** 第 19 條：廣播、電視節目中之本國自製節目，不得少於百分之七十。 外國語言節目，應加映中文字幕或加播國語說明，必要時主管機關得指定改配國語發音。 **有線廣播電視法（民國 92 年 12 月 24 日修正）** 第 37-1 條：為保障客家、原住民語言、文化，中央主管機關得視情形，指定系統經營者，免費提供固定頻道，播送客家語言、原住民語言之節目。 **公共電視法（民國 93 年 06 月 23 日修正）** 第 38 條：外語節目僅以原音播出者應附中文字幕。 教育、資訊及娛樂性節目應顧及各語群及聽障視障觀眾之需要，並應適度提供地方語言教學節目。 地方戲劇或文化藝術節目，為表達其特色，應以地方語言製播，並附中文字幕。 電台並應提供字幕解碼訊號，供觀眾選擇。 新聞性節目應酌量以外國語文播出，以適應國際化之需求。
其他	**原住民族教育法（民國 93 年 09 月 01 日修正）** 第 3 條：本法所稱主管教育行政機關：在中央為教育部；在直轄市為直轄市政府；在縣（市）為縣（市）政府。 本法所稱原住民族主管機關：在中央為行

	政院原住民族委員會；在直轄市為直轄市政府；在縣（市）為縣（市）政府。 原住民族之一般教育，由主管教育行政機關規劃辦理；原住民族之民族教育，由原住民族主管機關規劃辦理，必要時，應會同主管教育行政機關為之。 **行政院原住民族委員會組織條例（民國 95 年 02 月 03 日修正）** 第 5 條：教育文化處掌理下列事項： …… 三、原住民族歷史及語言研究、保存與傳承之相關事項。 …… 中央主管教育行政機關應設置原住民族一般教育專責單位。 **行政院客家委員會組織條例（民國 90 年 05 月 16 日公布）** 第 3 條：本會掌理下列事項： …… 三、客家語言、客家民俗禮儀、客家技藝、宗教之研究與傳承規劃及協調事項。…… **大眾運輸工具播音語言平等保障法（民國 89 年 04 月 19 日公布）** 第 6 條：大眾運輸工具除國語外，另應以閩南語、客家語播音，其他原住民語言之播音，由主管機關視當地原住民族族群背景及地方特性酌予增加。但馬祖地區應加播閩北（福州）語。 從事國際交通運輸之大眾運輸工具，其播音服務至少應使用一種本國族群慣用之語言。

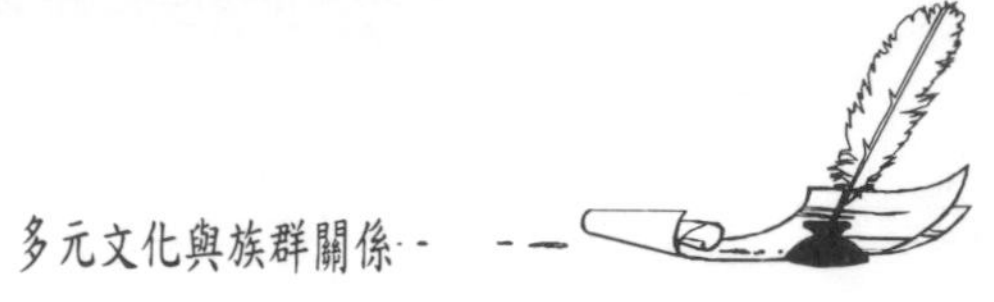

從上述的整理可以發現，我國現今的法規範中關於少數群體語言權之規範面向的呈現上顯得十分的多元。

二、我國現行法制中少數群體語言權規定之分析

(一)規範對象

Will Kymlicka 在其《少數群體的權利——民族主義、多元文化主義和公民權》一書中，將「少數群體」區分爲「少數民族」與「外來移民」。境內的「少數民族」意指那些因征服、殖民、或割讓而非自願的被併入到新政治體制中的族群，如原住民、客家人、閩南人等；而「外來移民」則指自願選擇到新移居國家開始新生活的人。雖然有學者認爲，這樣的區分擴大了「少數民族」與「外來移民」的差異性，但筆者同意如此區分是具有實質意義的。

從上述整理中我們發現，以「規範對象」來看，我國現行法制中關於語言權的規範對象，概可區分爲三類：

1. **對所有使用語言者的規定**：如憲法中關於民族平等、個人權利保障的規定，可視爲語言權保障的上位法源依據。
2. **針對少數民族語言的保護**：這是法規最集中的部分，包含語言使用的平等、語言教育的協助、語言與政府扶助資格間的關係等。不過目前多集中於「原住民」與「客家族群」語言權的保護，尤其是「原住民」部分。筆者以上述 Will Kymlicka 對少數民族的定義來看，我國的客家人、閩南人、原住民，相對於「國（華）語（目前國家最強勢的語文系統）」而言，似符合少數民族的定義，但從實證的觀點觀察，儘管法律體系加強保護了原住民族的語言發展，但這也反映出客家族群和閩南族群在目前所享有的資源與地位是遠高於

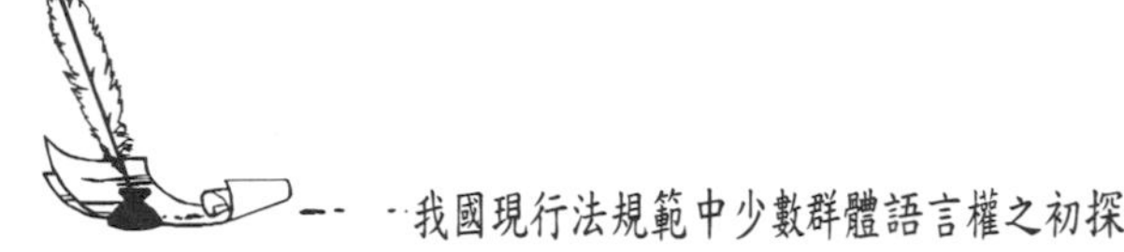

原住民的，因此筆者認爲客家族群和閩南族群在類型判斷上可思考歸爲「準強勢族群」的可能。

3.**外來移民的語言門檻限制**：平等權爲普是之基本人權原則，因此站在平等權的立場，對於我國外籍新娘以及大陸新娘的語言權基本上採取尊重的態度，但因民族國家構建的需要，對於欲歸化取得我國國籍者，有基本語言能力的要求，依「歸化取得我國國籍者基本語言能力及國民權利義務基本常識認定標準」第三條第一項第五款之規定，「歸化測試的口試語言得就華語、閩南語、客語或原住民語擇一應試；但筆試的測驗卷書寫系統則以華語爲之。」在此情形下，大陸新娘由於語文的共通性，便會選擇華語；而其他的外籍新娘，因市場需求，以及華語具有完整的書寫系統，當然大多會選擇以我國強勢語言的華語爲應試語言。此舉將更確立強勢語言的強勢地位，而使少數民族語言使用人數的比例相對下降，尤其是「原住民語」，其與華語並未有共通的文字系統，加上使用人數稀少，應會首當其衝。

(二)規範目的

施正鋒教授在「語言人權」一文彙整 Patten and Kymlicka、Rubio-Marín 以及 Coulombe 等學者之著作後，提出語言權實踐的四個具體面向：

1.究竟政府要採取消極地包容、或是避免打壓少數族群的語言，還是邀積極地加以復育、或是推動，特別是想辦法增加少數族群語言在公共領域的能見度。

2.究竟是要重視語言的溝通功能、輔助不懂通用語言者的方式，還是要強調語言地位的平等，也就是說，不管是支配性族群、還是少數族群，所有族群的語言都是官方語言或是國家語言[16]。

3.究竟是要採取因地制宜（territorial）的方式，也就是制定區域性通用語言，還是採取屬人（personality）的語言權原則，也就是不管公民身在何處，其語言都可以行得通。

4.究竟語言權的所有者（bearer）是個人、還是集體，也就是說，是否要考慮少數族群的人數多寡[17]（viability）、以及提供服務的可行性[18]（feasibility），或是要不要考量少數族群本身的意願[19]。

以上述四個實踐面向來檢視我國語言權規範的目的發現，我現行法規範就語言權的保障之規定仍主要採取「消極地包容」、或是避免打壓少數族群語言的策略，對於積極地語言復育或是推動少數族群語言在公共領域的能見度的相關規定仍非常的少，而且集中對原住民語言的保護，對於其他客家語、Holo 語的保護方式與標準亦不一致，是否可以因目前使用的人數眾多就忽視應有的權利設計，是需要檢討的。

比利時、西班牙、瑞士、加拿大等國家裡，都保障了「少數民族」的語言具有某些官方地位[20]。然而，我國目前的法規範中並未具體指出我

---

16 其實，兩者的內涵可以依各國的國情來定義。不過，國人似乎傾向於認為國家語言只有象徵意義，而官方語言則為通用語言。前行政院長游錫堃在文建會所舉辦的「族群與文化發展會議」（2004 年 10 月 16 日）「國語」應是國家的語言，所有在台灣土地上使用的語言都是「國語」，而官方語言必須社會有共識才能擬定（http://intermargins.net/Forum/2004/citizenship/citizen03.htm）。

17 譬如在南投縣，原住民部族人數不到一千人，其族語是否要列為當地官方文書用語，則有爭議。

18 譬如說飛機播報、或是電梯的用語，是否要使用方言。

19 譬如外省族群是否要強迫學習其父母的家鄉話？

20 1982 年加拿大憲法修正案第十六條第一項：「英語與法語是加拿大的官方語言，在加拿大的國會和政府所有的機構享有平等的地位、權利、和特權」（李

國各語言的地位關係，只有在某條文中，提出「國語」一詞，但哪些語言是官方語言、或是國家語言，可以享有何種地位；而哪些語言是地方語言，在地方自治的條件下，是否可以擁有某些行政使用的特權，並未明確規定。因爲地位的不確定，將造成語言使用的誘因不足，有可能在語言平等原則的宣示下，仍面臨語言流失的危機。

此外，我國語言權相關立法目前並未明確採取因「地」制宜的方式，雖然「大眾運輸工具播音語言平等保障法」第六條規定，「大眾運輸工具除國語外，另應以閩南語、客家語播音。其他原住民語言之播音，由主管機關視當地原住民族族群背景及地方特性酌予增加。但馬祖地區應加播閩北（福州）語」，似乎有因地制宜的考量，但仍非制定區域性通用語言，而是以身分爲原則，也就是不管公民身在何處，皆對其語言平等做宣示性的規定。此舉是否會使少數族群因無法在其方言流通的領域中取得行政之自治地位而影響語言的傳承，如客家市鎮並未以客語爲官方語

憲榮，加拿大的語言政策）。西班牙憲法第三條：「Castillan 爲西班牙國官方語。……本國內其他語言在其所處各自治區內亦爲官方語言。……比利時 1898 年所訂定的「平等條款」中，正式將荷語和法語定位在相同的法定地位（廖立文，比利時語族文化共同體與行政自治區之演變與現況）。瑞士 2000 年新憲法第 4 條國家語言（langue nationale）：「國家語言是德語、法語、義大利語及羅曼許語。」及第 70 條語文：「第 1 款 瑞士聯邦的官方語文（langue officiel）是德文、法文及義大利文。瑞士聯邦與講羅曼許語的人聯繫（保持關係）時，羅曼許文也是官方語文；第 2 款各邦郡決定其國家語文。爲了確保語言族群間的和諧，各邦郡應留意語言的傳統領域的分佈，並尊重本地少數族群的語文；第 3 款瑞士聯邦及邦郡鼓勵語文族群間的理解與交流；第 4 款瑞士聯邦支援多語言邦郡執行其特殊的任務；第 5 款瑞士聯邦爲了保衛及推廣羅曼許語文及義大利語文特別在格勞賓登及堤奇諾邦郡採行支援的措施。」（張維邦，瑞士的語言政策與實踐，檢自：http://mail.tku.edu.tw/cfshih/ln/paper15.htm）

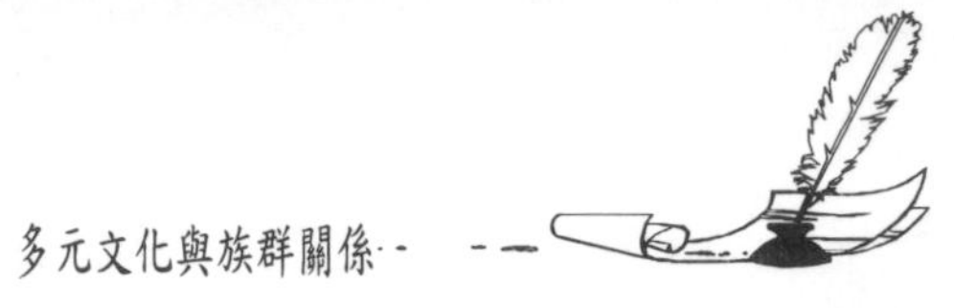

言，可能使客語失去地區性的優勢保護地位，而面臨逐漸流失的危險。

綜上所述，目前我國語言權的立法規範目的，並未有一清晰的路線和政策的思考脈絡存在，未來在制訂規範時應詳加考慮政策選擇的規範目的。筆者建議，未來在制訂相關規範時，若仍採行普遍性原則，但能將少數族群的人數多寡、提供服務的可行性及少數族群本身的意願列入考量，盡可能的提升語言與地方事務的聯繫性與能見度，應可有效化解各族群對語言保護政策的歧見，並提供語言延續的環境。

(三)規範內容

我國語言權規範面向涵蓋的範圍非常的廣泛與多元，但是否已經足夠或需要調整？筆者認爲，應配合上述規範的目的，做進一步的檢視。如對「國語」的定義。目前的規範已於民國九十二年二月十二日廢除「國語推行辦法」，但「教育部國語推行委員會組織條例」卻仍存在。該條例並未明白定義何謂「國語」？哪些語言爲國語？不過，「大眾運輸工具播音語言平等保障法」第六條規定，「大眾運輸工具除國語外，另應以閩南語、客家語播音。其他原住民語言之播音，由主管機關視當地原住民族族群背景及地方特性酌予增加。但馬祖地區應加播閩北（福州）語。從事國際交通運輸之大眾運輸工具，其播音服務至少應使用一種本國族群慣用之語言。」則將國語限定爲華（北京話）語，閩南語、客家語及其他原住民語言與華語則統歸爲本國族群慣用之語言。

(四)主管機關

由於規範面向的廣闊以及語言權牽涉的事務眾多，因此主管機關包括原住民族委員會、客家委員會、教育部、內政部等，是否會造成多頭馬車或事權不清的情況，而需建立統一之民族事務主管機關，則是未來立法需要考量的。

肆、我國現行法制中少數群體語言權的檢討

法律規範常無法走在社會變化之前，在檢討之中，世界上許多少數群體的語言，正以極快的速度消逝。雖然法律規範追不上語言復育的速度，但對法律規範的觀察與檢討卻可以使我們反思不足，加強改進，以期使傷害降到最低。

承續上述的分析，筆者試著提出幾點法規範上的建議。

1.**語言平等法或語言基本法的訂定**：憲法對於語言平等的宣示仍然不足，應建立語言平等法或語言基本法，完備語言權之法規範內涵，且可解決少數群體語言保護標準不一所可能出現的矛盾狀態。具體闡明語言權保護的標準，以免因規範面向的廣泛流於事權不一，甚而無法落實的問題。

2.**少數族群的自治權及政策主導權**：立法過程中，應賦予少數族群代表足夠的政策主導權，多數決原則應適時的放下。並評估少數族群語言權的自治範圍保障法規，才能有效的維護其語言的保存、學習與發展。

3.**實質協助代替抽象保護**：除了抽象人權的宣示，對於語言的發展應提供具體有效的措施。

雖然，我們可以從法規的研究中吸取教訓，使法規制訂臻於完備，而此舉將使被拘束的人民沒有多元文化的素養與寬容的心，語言與文化的多樣性，仍會在不知不覺中消失。

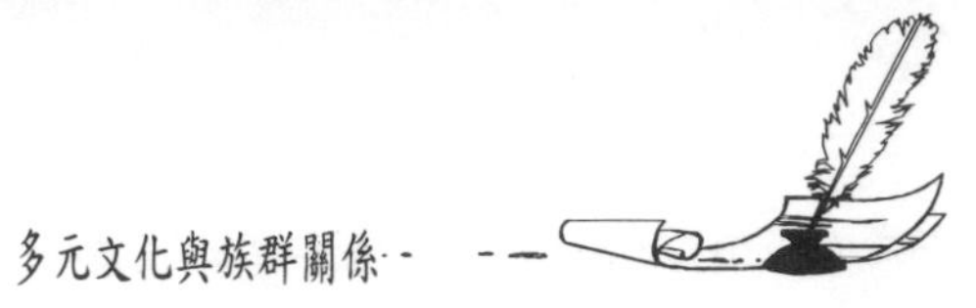

參考書目

行政院客家委員會委託研究報告（2002），《語言政策及制訂「語言公平法」之研究》，行政院客家委員會。

威爾・金里卡（Will Kymlicka）著，鄧紅風譯（2004），《少數群體的權利——民族主義、多元文化主義與公民權》，台北：左岸文化。

洪泉湖等著（2005），《臺灣的多元文化》，台北：五南。

施正鋒編（2002），《語言權利法典》，台北：前衛出版。

施正鋒，〈語言人權〉，檢自：http://iug.csie.dahan.edu.tw/giankiu/GTH/2004/LanguageRights/lunbun/0A01-chenghong.doc

陳春生，〈人權條款的檢視增補——經濟、社會及文化權的增補〉，檢自：http://www.iias.sinica.edu.tw/941216pdf/941217_1_1.pdf

Chris Taylor, BECOMING A CITIZEN - GET THE LANGUAGE RIGHT, http://www.cont-ed.cam.ac.uk/BOCE/adlib28/article2.html

語言公平網站—各國語言政策研討會，檢自：http://mail.tku.edu.tw/cfshih/ln/

全國法規資料庫入口網站，檢自：http://www.law.moj.gov.tw

法源法律網，檢自：http://www.lawbank.com.tw/index.php

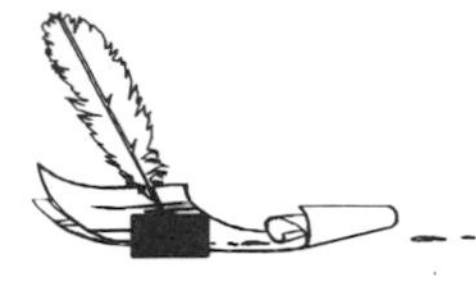

多元文化的展示與族群關係：以文化藝術節爲例

王俐容*

* 元智大學社會系助理教授。

體驗過原住民南島文化節歌舞同歡的趣味？客家桐花祭的文化浪漫饗宴？抑或是令人開懷暢飲的啤酒節嗎？沒錯，「節慶」的魅力，帶來歡樂，也締造無限商機，更形成地方特色的建立、文化的深耕、產業的振興……「節慶」是一個意象製造者（image maker），透過節慶可以更容易瞭解當地特色，與活化當地靜態旅遊風貌，使人感到「獨一無二」的參與感。「節慶」也是文化的表演舞台，各個族群特有的文化內涵在「節慶」中表露無遺……

——《經濟日報》（2004），〈大家一起去趕節〉，11 月 30 日

壹、前言

近年來，無論在台灣還是其他國家，各式各樣的文化藝術節成爲推銷觀光、城市發展、帶動地方文化經濟的重要策略，如英國的愛丁堡藝術節、諾丁丘嘉年華、日本北海道的雪祭、台灣的宜蘭童玩節、屏東黑鮪魚節等等，不但爲地方帶來經濟效益，也對於文化帶來新的影響，因此，這些不同的文化藝術節如何影響地方文化發展、認同形構、文化保存等等問題，逐漸成爲學術界關心的議題。

文化藝術節使用不同的文化元素作爲號召，有的以特殊的地方文化或是都市經驗、有的以自然景觀與生態、有的以文化商品作爲訴求，其中族群特色也是一種重要的元素，例如賽夏族的矮靈祭就因爲具有特殊神秘的原住民風格而吸引許多遊客。隨著台灣社會建構爲「多元文化社會」的過程，過去較被壓抑與忽略的族群文化，逐漸在中央政府相繼成立原住民委員會、客家委員會後，得到政府的挹注與社會的重視，族群文化藝術節也熱烈的發展起來，除了傳統祭儀開始流行之外（如達悟族的飛魚季或是卑南族的猴祭），近年來新出現的客家桐花祭、客家文化藝術節、福佬客文化節、南島文化節等等，都成爲台灣社會重要的文化藝術活動。

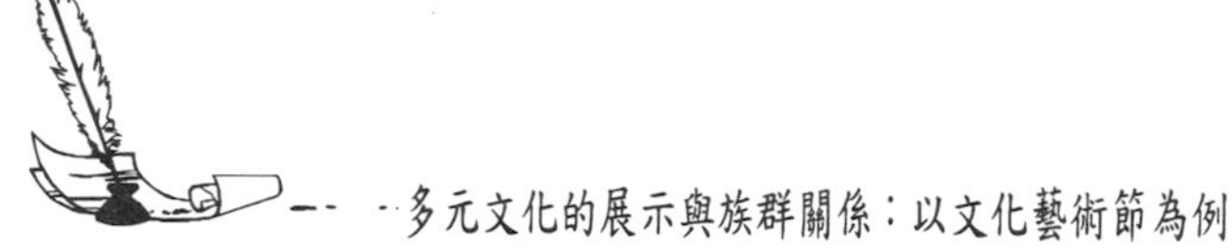

本文則特別關注文化藝術節與族群發展的關係；這些具有強烈族群特色的文化藝術節，除了提供遊客觀光娛樂之外，到底對於認同想像、自我展示、族群關係或是本身的文化傳承有怎樣的影響？都是本文將討論的重點。

貳、文化藝術節的意義與目的

許多學者試圖釐清與分類各種文化節（festival）的意義與目的。例如 Malcolm Gillies 指出，早期的文化節傾向於「爲了一個特殊的目的，而設計出一連串的慶祝方式、展示或是祭典儀式」（如台灣賽夏族的矮靈祭，客家義民祭等）；而今日的文化節卻傾向於「頌揚某些表演藝術、音樂、文學、自然環境、食物」（Gillies, 2004: 5）換句話說，在早期的文化節中，可能也存在於舞蹈或音樂的表演，但這些演出的目的是基於祭祀或是迎神的需求，對象可能是各種的神祇；而在今日，演出反而成爲文化節的目的，演出的對象成爲觀眾。這個轉變使得文化節在當代生活扮演了一些特殊的功能與角色。Sadie 就指出，在當代的文化節中，往往透過文化企業或是政府的資助，「借用過去祭典儀式與相對應的傳說，來宣揚現在的族群或是國族認同、政治哲學、生活方式或是歷史人物等等」（Sadie, 1980: 505）。Falassi 則進一步提出以社會的觀點來探索文化節，認爲「文化節是一種規律、週期性的社會活動；在文化節中包容了一連串不同形式、但相調和的事件，參與的社群經由族群的、語言的、宗教的或是歷史的連結被整合起來，而能在活動中共享有某種相同的世界觀」；因此，文化節的象徵意義「必須接近與參加社群的意識形態、世界觀、社會認同與歷史連貫性」（Falassi, 1987: 1-2），經由各種歡樂或是藝術的表演與展示，提供此社群特殊的意識、自覺與感應。

而文化藝術節是否就是一種意義的操控手段？這方面的論辯相當激

烈。有學者認爲，文化節是菁英階級的操作，以一種安全的方式來轉移政治緊張，透過對於各種文化節經常性的舉辦，或是將文化節納入體制內，進一步將達成社會控制的結果（Nurse, 1999: 665）。Quinn 也指出，一些地理學中有關於文化節的研究顯示，文化節常常編寫所謂「起源地」的故事，傳達有利於優勢階級的價值或意義，企圖再製霸權的文化（Quinn, 2003: 332）。在這個脈絡下，經由特定文化意義的建構與塑造，文化節其實是一種政治、文化或是社會的整合手段，進而鞏固霸權的論述。

但相反的，另一派學者卻指出文化節具有顛覆霸權的可能性，例如 Homi Bhabha 指出，文化節可被視爲一種混雜文化的基地，在這個基地中，各種社群的文化認同與文化實踐得以不斷的協商（Bhabha, 1994）。Mikhail Bakhtin 認爲文化節是一種反抗的美學，用來對抗或是推翻再現的霸權，並在各種階級、國家、種族、性別、性傾向或是族群的建構中，作爲一種反抗霸權的傳統（Bakhtin, 1984）。在這個脈絡之下，被壓迫者得以經由文化節的機制來解構或推翻既有權力關係背後的哲學或是道德基礎（Nurse, 1999: 665）。

這樣的對抗性在於族群性質的文化節裡特別的明顯。Geraldine Conner 與 Max Farrar 即指出，若要分析各種加勒比海裔的文化節的意義（如 Trinidad Carnival 或是 Notting Hill Carnival），必須先認知到一些背景架構，包括：長久傳統以來，文化節都是作爲一種對抗殖民征服不公不義的工具，因此，理解這些文化節必須先理解白人傳統下的種族歧視機制；爲了進行反種族歧視的對抗，維持公共的展示是重要的，包括占領街道來演出等等，因爲必須「被看見」；持續多年這樣的文化節，一種新的加勒比海裔的移民認同逐漸被「鍛煉」（forge）出來（Conner & Farrar, 2004）。對於加勒比海裔的移民而言，文化節具有反抗種族主義、公眾展示集體主張，以及形塑自我認同的功效。

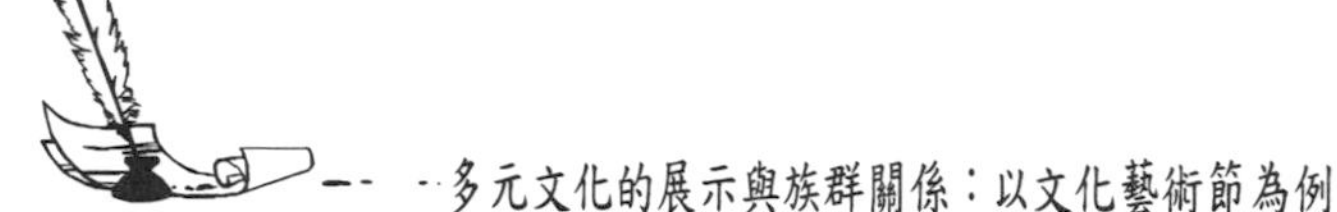

參、文化藝術節與族群關係

文化藝術節對於少數族群而言，的確具有多種的意義，包括文化藝術節如何重新製造族群文化的意義、強化自我認同、族群如何經由文化節對外進行展示、如何建構族群意象等等。

首先，許多研究都顯示出文化節與族群認同形構的關係。Paul A. Bramadat 以加拿大的經驗爲例，指出文化節作爲一種族群文化展示（spectacles），提供族群自我認同的對話基地，無論是個人或是團體都可以進入參與這個認同政治的形成過程。在這個對話基地中，族群認同的建構並非單方面，從文化節主辦單位開始來建構單一的認同方式；相反的，來自於各種不同社會位置的個人或是團體，都可以在這個基地中，以對話的方式來形構或重構自己的認同，進而重新構連或強化新的認同方式。因此，他認爲文化節是一種「自我定義的對話的基地」（sites of dialogical self-definition）（Bramadat, 2001）。

Sandhya Shukla 以美國印度裔社群所舉辦的文化節爲分析基礎，指出文化節提供了良好的時機與場合建構「想像的社群」（imagined community），讓美籍印裔的移民建立良好的自我形象，並保有對於故鄉浪漫的想像（Shukla, 1997: 296）。從美國當地的影響來看，文化節相關活動的文本具體化了「印度性」（Indian-ness）的概念，並將此納入正廣爲流行的多元文化主義的架構之下，一方面確保印裔傳承文化與爭取相關權利的正當性，另一方面有利於平和的族群關係（Shukla, 1997: 300）。如果從全球化的角度來看，Shukla 認爲文化節建構了「離散的民族主義」（diasporic nationalism），經由將文化具體化與本質化的方式，製造出一種持續不變的認同方式。這個認同既具有本土性格，但也是全球的；既關注本土議題，也同時有全球的關聯性（Shukla, 1997: 309）。

從同樣爲跨國性離散團體的加勒比海裔來看，許多國家或是大城市

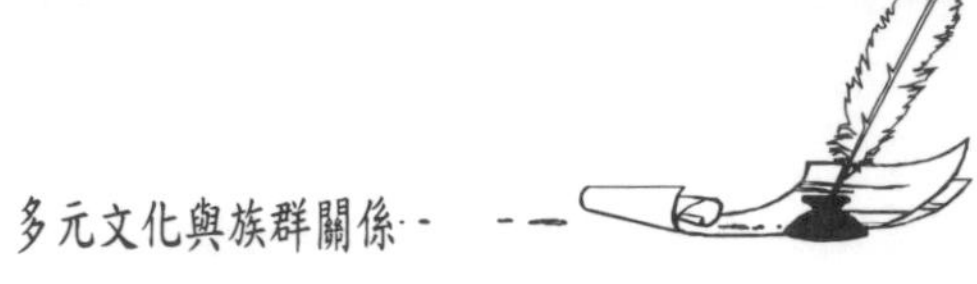

都有相關的文化節活動，如倫敦的 Notting Hill 嘉年華；多倫多的 Caribana 文化節，以及紐約的 Labour Day 慶典。Keith Nurse 指出，這類的文化節是對於跨國文化、跨國社群的形成，及全球化過程的一種回應，文化節在此扮演著文化認同的協商與實踐的角色（Nurse, 1999: 661）。這些文化節交錯著多重族群與文化的混雜、過往殖民習俗、以及資本擴張等等歷史影響的結果，新的認同方式則不斷在其中被淬煉出來。因此，文化節已經成爲泛加勒比海認同（pan-Caribbean identity）的基礎；加勒比海裔社會整合的機制；以及跨國、跨文化的政治儀式（Nurse, 1999: 683）。

除了族群內部經由文化節的過程，可以再重新定義與構連自我的認同之外，文化節也具備有重要的、對族群之外的公共展示功能，同時也是一種公共教育的過程。雖然有學者認爲，文化節往往造成推廣特定文化「刻板印象」的結果，但矛盾的是，文化節有時候更像是一種競賽，各種不同的文化詮釋都在公眾之前呈現，讓不同的人來呈現他希望展現出來自己族群的樣子。因此即使有人認爲文化節所描繪出來的族群特色極可能是虛構的，但這樣的虛構是有意義的，因爲文化節顯示出，這個族群希望如何被其他族群所理解的方式（Bramadat, 2001）。無論是在澳洲原住民藝術節的表演、加拿大的「育空說故事節」（the Yukon International Storytelling Festival）（原住民文化）、美國的印度文化節，或是英國的 Notting Hill 嘉年華，都顯示出這些族群的成員，經由文化節中建構或是傳送自我文化特色的詮釋方式，不只在於他們希望尋求一個真實的自我認同，更是希望洗刷或是脫離過去其他族群或優勢階級賦予他們的刻板印象。

但值得注意的是，族群文化特色的自我詮釋往往是不穩定的；在不同的社會背景之下，或在不同族群區分的方式下，族群選擇出來的文化詮釋方式也將隨之改變。Carl L. Bankston 與 Jacques Henry 分析美國路易斯安那州的「康加文化節」（Cajun Festival）指出，在康加文化節裡所展示的族群特色，呈現出不斷改變的趨勢。改變的原因來自於，族群特色本身即爲「族群行動與社會結構持續相互影響的結果」，族群文化內容的轉變，可以視爲「這些成員如何與他周圍環境協商」的過程（Bankston & Henry, 2000: 381）。因此，文化節裡對於族群文化的詮釋，應該被當作是動態而非亙古不變的。

肆、原住民文化藝術節與「多元文化的台灣」

台灣政府積極發展各族群的文化藝術節，與台灣社會轉型爲「多元文化社會」有密切的關係。當台灣逐漸自單一的中華文化維護者，轉向一個「多元文化」的國家想像時，島內各種差異的族群文化在新的「想像的共同體」中就開始扮演重要的角色，這其中又以原住民的部分最爲突顯。

在「多元文化台灣」的國家想像中，原住民文化是極爲重要的表徵。原住民文化作爲「國族文化」的重要性，在一九九〇年代逐漸展現出來。在一九九二年文建會舉辦第一屆全國性質的山胞藝術季，一九九〇年開始連續四年在國家戲劇院演出「台灣原住民樂舞系列」，原住民舞蹈音樂從部落搬上國家級舞台演出，部落文化從此連結到國家文化。而在一九九四年全國文藝季舉辦第一次全國原住民文化會議，總統李登輝受邀演說更明確指出：

> 所有台灣的原住民，不能自外於台灣整體社會……無論如何，一定要融入台灣整個大社會中，任何一個族群的問題，就是整個社會的問題，每一個人都不能置身事外。同時，原住民族群更是「我們」整個大社會不可或缺的一員，希望各位也能為國家貢獻一己之力……一起攜手向前並進，為建立「一個生命共同體」而努力（李

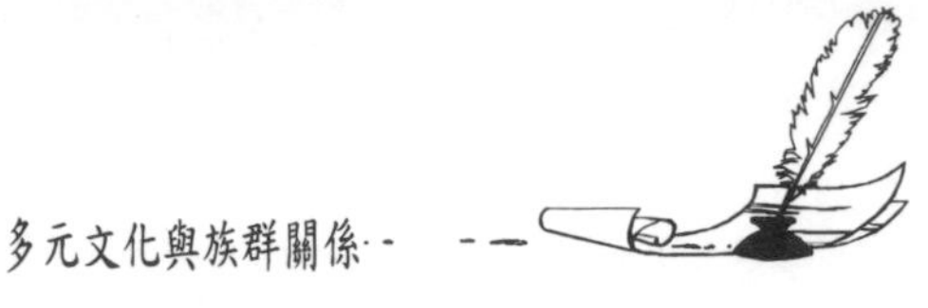

登輝，1994：1）。

李登輝在此指出，原住民必須是台灣的生命共同體之一，而這個生命共同體正是新的台灣國族主義的建立。而政府更認爲，必須主導原住民文化的發展則是因爲過去同化政策造成原住民文化的大量死亡與流失後，不得不介入的結果。1995 年，文建會籌劃了泰雅文化祭，交由台中縣文化中心舉辦，文化中心強調：這一系列的活動，是期望藉由文化活動的推動來重建泰雅族的信心，認同自己的文化，進而希望泰雅族免於被同化的命運。縣長也指出，活動是爲了保存少數民族之弱勢文化並引發泰雅族人對本族文化之認同與重視（謝世忠，1996：87）。這樣的發言表現出，統治者認定原住民族的文化已經衰危，必須依賴政府的關注與指導才有希望；而國家的關注與指導，將強化由國家來主導原住民文化發展的合理性。

除此之外，原住民文化成爲「國家文化」之一後，更主要的另一個角色，在爲突顯台灣成爲一個「多元文化」的國家，而這種多元文化的國家建構，正是相對於過去台灣文化是中國文化，而現在則是一個有別於中國文化的「多元文化台灣」形象。前原民會文教處處長林江義就說：

> 無論是福佬人的歌仔戲或是外省人的京劇，還不是都來自中國大陸，所以每次台灣的藝文團體在國外表演，別人都覺得，台灣就是跟中國一樣嘛。只有原住民的表演，這是中國大陸沒有的，只有依賴原住民文化，台灣才可能展現出不同於中國的文化[1]。

所以在國慶或是其他重要的國家節日，原住民總是很自然地以國族成員的一份子，加入表演或是慶祝，以宣告著台灣新的國族文化具有多種的文化內容（謝世忠，1996：96）；原住民文化被放在一個新的國家文

[1] 前原民會文教處處長，現任企劃處處長林江義訪談，2002。

化下強力主導，成爲一個「多元文化台灣」的重要象徵。

伍、文化藝術節與「被看到的客家」

族群文化藝術節除了在新的想像的共同體中扮演重要角色外，另一個功能在於族群的文化復興，這在客家文化藝術節的發展中特別明顯。在客家委員會成立之前，客家文化活動的補助通常在社區活動或是傳統藝術的保存兩個項目下進行。因此，在社區總體營造的名目下開始有了客家文化活動的出現，例如一九九四年全國文藝季活動中，新竹縣因爲有高達百分之七十的客家居民而推出了客家山歌節；苗栗縣在同年全國文藝季相關活動舉辦了客家文物研討會；屏東縣推出六堆客家之美與原住民文化研討會兩種活動，以呈現屏東縣的地方特色就是「多族群」。而在傳統藝術的保存名義下，客家採茶戲與福佬的歌仔戲，外省族群的崑曲與北管一起成爲傳統戲曲傳習計畫中的一部分（文建會，1996）。直至一九九七年文建會開始補助少數族群的影像節目與規劃不同語系廣播節目，才明確指出將維護、發展原住民與客家文化（文建會，1997）。

然而，在九〇年代中期後，隨著政黨競爭趨於劇烈，客家族群的投票意願各黨皆不敢小覷，地方政府開始贊助的客家文化節開始興起。以台北市爲例，陳水扁在一九九四年競選台北市長時即對客家社團做了五項承諾，其中一項就是每年舉辦客家文化節（戴寶村與溫振華，1998：161）這些客家文化節的活動通常很廣泛，內容含括了客家義民祭典、傳統戲曲的展演、客家傳統山歌或是現代音樂創作演唱、青年文化研習營、攝影展、生活文物展、台北客家街路活動等等。學者認爲這些文化節的活動是重要的，因爲多半的台北客家人都被視爲隱形人，他們不說客家話，也散居於台北各地，因此他們的集體文化比客家人明顯聚集的鄉鎮更被忽視。每年一度的台北客家文化節爲台北客家人提出新的自我定

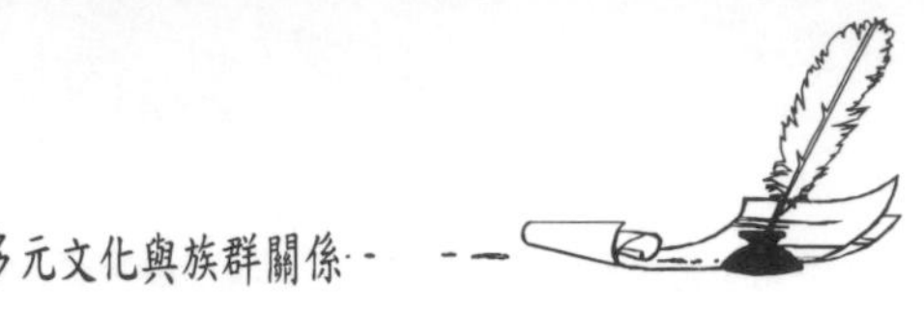

位，尋求台北客家認同的可能（戴寶村與溫振華，1998：162）。

隨著客家委員會的成立，文化節也被視爲重要文化政策之一。在行政院客家委員會成立的說帖即明定，輔助在不同的客家地區舉辦文化節與音樂節，是客家文化發展與推動的政策之一（行政院客家事務委員會籌備處，2001：9）。客委會所提出「客家文化振興第一期六年計畫」中的說明或許可以分析出文化節的重要性：

> 客家的「隱形性格」是客家文化邊緣化的內在原因之一，而客家文化既少見於社會大眾，久而久之即遭人淡忘，當力圖復興支出，容易產生的現象是，一方面客家人怯於展現獨特的客家文化，社會大眾更容易因生疏而視客家文化為異數，難以接受，成為客家文化的困境；因此，客家文化能否復興之關鍵，將涉及外在環境的支持度與客家人本身的文化自覺，前者指的是政府、社會能否有效營造一適於客家文化展現的環境，後者指的是客家文化復興之主體，是否體認到客家文化快速消失的危機，而能劍及履及的加入文化復興的行列，主動發起客家文化復興運動予以挽救（客委會，2002：6）。

因此，文化節的重要性是多重的，一方面對內，一方面對外。對內既是凝聚、溝通與傳達客家文化與認同的園地，同時也提供客家族群「文化復興」的場域；對外則扮演著「展示獨特客家文化、避免社會大眾視客家文化爲異數」的族群展示（ethnic spectacle）的角色。

不同的文化節就在客委會成立後急速的發展，中央政府所主辦的文化節就有：客家桐花祭、客家文化藝術節與福佬客文化節；加上地方性的客家文化節，一年高達十多個[2]；參與的縣市，以規模最大的桐花季爲例，二○○五年已經達到八個縣市三十七個鄉鎮參與；就能見度與知名度而言，客家桐花祭在短短的三年間就已經榮登辦得最好的觀光季第四

[2] 訪談客委會海外科江清松科長，2005。

名（次於宜蘭童玩節、屏東黑鮪魚季與宜蘭的綠色博覽會），評估參與者每年約有十多萬。經由文化節的推波助瀾，客家文化與客家族群已經成爲「被台灣社會所看見的客家」。

因此，文化節的重要性在於「讓社會看得到客家，感受客家文化的存在，提振客家人文化信心，不再以身爲客家爲恥」[3]。受訪者表示：

> 客家人其實是被動的族群，過去政府覺得客家文化不好，不准說客家話，大家就照著作；現在又以中央部會機關來宣稱，支持客家文化，舉辦客家文化節、大家好像得到身分的確認，有信心起來。例如中壢這幾年以客家為招牌的餐廳增加一倍以上。以前客家人也假裝聽不懂客家話，現在會主動表明身分，在認同上已有很大差別[4]。

較爲年長的客家長輩，比較過去與現在，的確感受到這種族群認同提振的影響：

> 過去客家族群是隱形族群，受到社會壓抑、貶抑、醜化，這樣的文化活動可以提高客家尊嚴，承認自己的客家身分……過去政府並不重視，現在提供這些機會，我感到很開心，只要看到相關宣傳就會去參加[5]。

「隱形客家」到「被看到的客家」，文化藝術節對於客家族群認同的提升，確實有很明顯的幫助。

---

[3] 訪談客委會文藝科科長鍾青柏，2005。

[4] 訪談客家文化工作者曾年有，2005。

[5] 訪談客家退休老師陳正和，2005。

陸、文化藝術節與族群自我展示

文化節如何展示族群經驗？或是哪個時代的經驗？往往是整個文化節最核心的問題。因此，從文化節中可以看到的，是「這個族群希望如何被其他族群所理解的方式」；也如同歐美白人社會裡的加勒比海的嘉年華，客家族群希望經由文化節中建構或是傳送自我文化特色的詮釋方式，不只在於他們希望尋求一個真實的自我認同，更是希望洗刷或是脫離過去其他族群或優勢階級賦予他們的刻板印象。

客家與桐花的關係或許可以提供一個有趣的例子。油桐花與客家的關係其實並不那麼清楚（多位受訪者都表示對於桐花並沒有特別的印象，茶花還有一點）；求證於客委會，顯示的確在於客委會成立後（2001），大家思考要以什麼象徵符號來代表客家時，想到一些客家庄位居丘陵，有許多的油桐花，或許可以作為客家的符號。為了推廣桐花的意象，因此舉辦了第一次（2002）的桐花祭，沒想到反而打響了客家文化節的名號[6]。

對於客委會而言，客家與桐花的連結如下：

1.**桐花具有三種特色**：生長在丘陵；貧脊的土地；潔白的顏色。
2.**對比客家族群特色**：住在丘陵；貧苦勤儉；晴耕雨讀、清高的形象等。

客委會指出：

> 也許是一種巧合，但更可能是一種歷史的必然，台灣最豐富的桐花山林分布範圍幾乎吻合了台灣客家人的生活空間，「開山打林」的歷史記憶成為客家人生命的基底，從伐木、焗樟腦、燒炭、蒸香茅、

6 客委會文藝科科長鍾青柏訪談，2005。

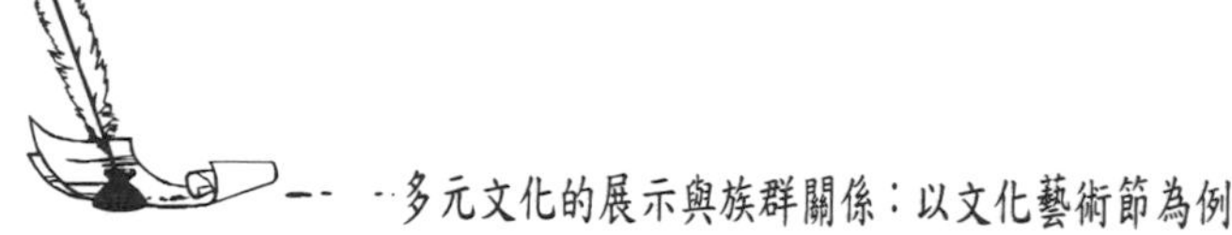

> 乃至採茶、種番薯、取薪材、靠山吃山，山林孕育著北半島客家人的生命，也孕育了他們的文化特質。客家族群敬拜天、敬拜神、尊敬土地，客家文化可以說是「山林文化」……由行政院客家委員會策辦了第一屆的「客家桐花祭」希望透過油桐花祭典，就像日本的櫻花祭一樣，能夠吸引國內外所有的遊客分享和感受客家的美麗、客家的純淨（客委會，2003）。

從這段論述中，我們可以看到，客家族群如何在其不同的生活經驗中，選取「山林文化」作爲族群文化的特色，並在其中又選出桐花作爲其象徵符碼，除了以桐花的潔白、純淨作爲客家族群的意象之外，也具有高度的觀光與產業考量。

爲了推廣桐花作爲客家的象徵，連結桐花與不同的文化形式，建構出新的「客家桐花文化」，包括了：

1. 桐花慶典：將每年四、五月油桐花開的季節，定爲桐花祭，以玄酒、黑糖、甘蔗、甘藷、茶葉、玉米等等作爲祭拜桐花的用品，並舉行慶典儀式。
2. 桐花食品：客家食物也一直是客家文化重要的象徵，將桐花連結客家傳統食物，如「粿」，創造「桐花粿」；以客家糕點製作「桐花糕」；以及提供客式的「桐花便當」。
3. 桐花音樂：邀請客籍文學家與音樂家以桐花創作，例如：李喬與謝宇威合作的〈油桐花〉：

> 填滿胸脯綠蔭蔭的油桐綠
> 鋪在山頂白雪雪的油桐花
> 天地草木有情大家也一多情
> 目細細的相望我？笑咪咪地相親
>
> ——李喬作詞，謝宇威作曲

4.桐花舞蹈：例如邀請「築夢舞集」創作客家舞蹈〈桐花舞〉；惠風舞蹈的〈油桐花開〉。

5.桐花工藝：以桐花爲主題創作的木雕、陶藝、花車或玻璃品等等。

6.桐花旅遊：藉由到客家庄裡觀賞桐花，經驗客家傳統生活方式，觀摩客家產業或是戲曲等等。

在短短幾年間，客家的「桐花文化」迅速在台灣社會被看見、被認知，客家桐花祭因此更被視爲是台灣成功的觀光季中的第四名，超越鹽水蜂炮之類流傳已久的活動，不能不歸功於成功的行銷手法，與各種異業結盟的活動[7]。透過異業結盟的管道，如電視台、飛機上的雜誌、超商廣告、加油站、公路局與火車站裡的旗幟宣傳等等，都將桐花與客家緊密的連結在一起，成爲新的客家文化象徵，也呈現出新客家文化的自我展示。

客家桐花節讓台灣社會「看到了客家」，也以客家族群想要的方式展示了客家（如勤奮、高潔的客家人等等），得以強化客家自我的認同與評價，但在文化傳承上的效果還不明顯。有的受訪者（大約三十多歲的一

[7] 2003 年桐花祭的協辦單位包括：行政院農業委員會、交通部、交通部觀光局、臺灣鐵路管理局、統一飲冰室茶集、第一銀行、富邦金控、中國石油公司、中華電信公司、中華郵政公司、桃園新竹苗栗各鄉鎮市公所及民間社團、苗栗縣觀光協會、苗栗縣觀光產業社區營造文化藝術聯盟推廣協會、永嘉旅行社、立榮航空、臺灣省旅遊攝影學會。2004 年桐花祭的協辦單位包括：統一超商、麥香、統一友友、台灣菸酒、台灣鹽業、陽明海運、台灣人壽、土地銀行、富邦銀行、中華電信、中華郵政、台灣鐵路管理局、客家電視、行政院新聞局、立榮航空、神達電腦、永嘉旅行社、台灣省旅遊攝影學會、苗栗縣攝影學會、CTIN 台灣旅遊聯盟。2005 年則包括：新聞局、農委會、觀光局、台灣鐵路局、高速公路局、新竹國賓飯店、摩斯漢堡、中華汽車、立榮航空、長榮航空、富士軟片、中華航空、全家超商等等，可參見桐花祭相關網站。

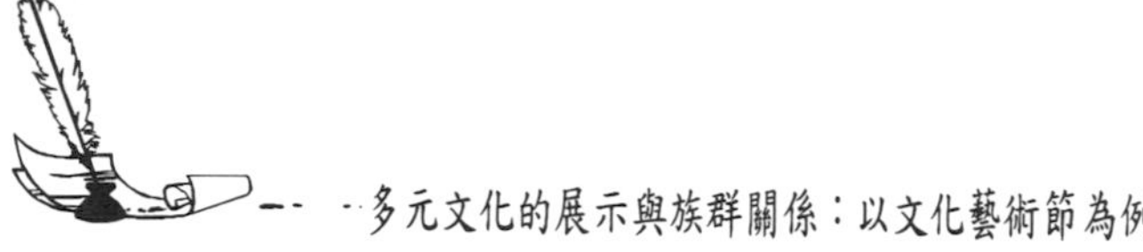

代）指出，文化節的活動的確喚醒他過往的「客家記憶」：

> 文化節裡有老人家，運用胡琴，用歌曲抒發心情，表達期望，很接近我兒童時期爺爺那一輩的老人，工作之後在樹下拉琴的經驗……還有客家戲劇裡，客家女性一邊種田一邊聊家裡的事情，特別是養豬，跟家裡經濟有密切關係的議題；或是他們吃起客家米苔目之類的點心，讓我很有親切感[8]。

但是對於更年輕的一代（二十歲左右），文化節的活動卻是充滿陌生與距離：

> 客語我聽不懂，所以難以融入客家音樂，舞蹈也許好些，但還是覺得距離好遠，那都是我奶奶那一輩的經驗了，什麼童養媳或是下田之類的……從小在都市長大（高雄），沒有機會接觸客家文化，就算回爺爺奶奶家，他們也都跟我說國語，沒人要我學客家話；加上我是女生，似乎也沒有壓力要傳承什麼客家文化[9]。

是否熟悉客語似乎成爲能否欣賞或是共鳴客家文化活動重要因素之一，特別在於音樂部分。因此，要傳承客家文化可能要自更爲根本的部分做起，如客語教學等，才能有效讓年輕一代接受與認同客家文化，否則依文化節的經驗，多半是吃吃喝喝地結束，十分可惜。

---

[8] 客家族群受訪者葉佐霖（年約三十七歲），2005。

[9] 客籍大學生范雅涵訪談，2005。

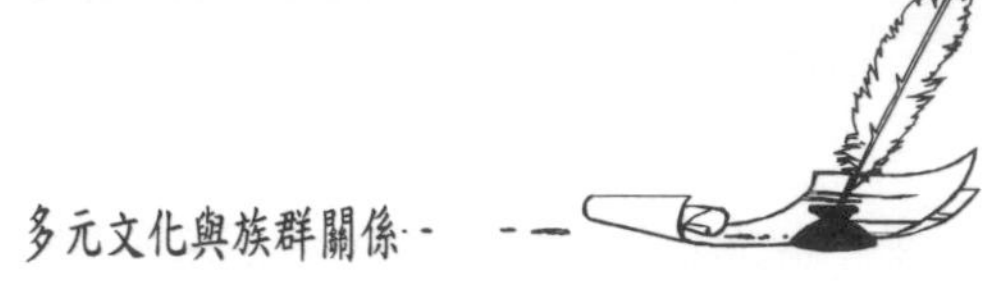

柒、文化藝術節強化了怎樣的族群想像？

文化藝術節對於文化發展與族群關係並非完全只有正面的影響，熱鬧的文化藝術節辦個幾年下來，一些檢討的聲浪逐漸出現。首先，文化藝術節作爲族群多元文化的展示，卻不一定帶來更多族群之間的了解，反而只強化了一些原有的刻板印象。

以南島文化節爲例，每年都被批評爲「趕集式的大雜燴」，各族的表演熱舞熱鬧足，但什麼是南島文化，還是讓民眾霧煞煞，（《聯合報》，2004 年 4 月 20 日），或是如縣府文化局長林永發所說，多數人似乎只知道南島文化節中可欣賞各式舞蹈，「沒有人真正問過南島文化是什麼」（《聯合報》，2004 年 4 月 20 日）。對於舉辦的單位而言，如何吸引更多的人來參加，以增進經濟或是政治上的效應，是主要的考量；但這樣的政策思考都只在於將原住民文化當作觀光商品來加以展示與消費，使得原住民被刻板化爲「就是會唱歌跳舞的一群人」，使得原住民本身的主體性消失，而必須配合漢人觀眾來展演。以舞蹈爲例，原住民跳舞通常是爲了祭神，全部的人會下來一起跳，不是爲觀眾而表演，更沒有舞台的觀念。但祭神冗長而單調的表現往往讓觀眾感到厭煩，最後舞蹈表現形式必須做很大的修正[10]。對於神聖的豐年祭而言，以往是爲了感謝神明的保佑得到豐收而跳舞，現在爲了觀光客也改變了某些舞蹈形式，而引起一些原住民反彈[11]。

因此，族群文化藝術節是否得以提升族群的文化藝術性，也面臨許多的質疑。爲了觀眾好看，或是經費有限，使得專業藝術的考量往往在藝術節中被犧牲；以及不願意長期耕耘而急就章推出作品，使得族群文

---

[10] 訪談杜賴・瓦旦（泰雅族舞者），2002。

[11] 訪談巴奈・母路（阿美族音樂家），2002。

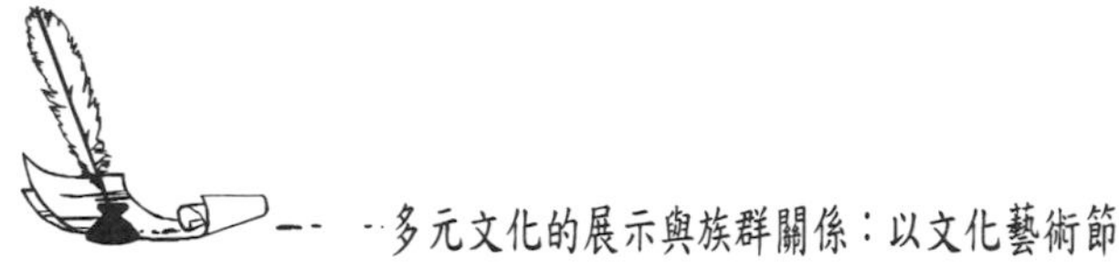

化藝術節面臨「亂唱亂跳」的危機（江冠明，2003）。江冠明觀察南島文化節然後指出：

> 這次的展演有著傳統服飾跳傳統舞，但卻將傳統樂器接上擴音器，採用西方樂團的編制，有主唱有舞者有樂團。也有採用純粹傳統樂器與服飾的展演方式，不過，他們有讓觀眾上台一起共舞的調整。更有外國團隊能夠彈奏台灣歌謠來迎合觀眾的品味，可見商業機制已經深入國際團隊的表演中。其實比較過去邀約的團體來看，這次展演團隊據猜測是來自商業展演場地的團隊，與第一屆邀請來自各國家代表傳統的原住民團隊有很大區別，表演傾向於與現代「混雜」的商業氣氛……
>
> 來自屏東的排灣族舞團上台放布農族的祭歌，跳著混合南太平洋島嶼的蹦跳舞步，又加上中國民族舞的舞步與蓮花手。資深舞評忍不住大嘆：「天啊！原住民就是這樣原漢混雜在一起的雜種，還是異國情調的雜拼呢？每次我聽到鼓聲『咚咚！咚』的節拍，我知道完蛋了，這支舞不能看了。我懷疑原住民現代歌舞未來怎麼發展？」（江冠明，2003）

在經濟與政治主要的考慮下，使得族群文化節在台灣的舉辦，多半從爭取選票與文化觀光的角度出發，雖有自我展示與自我定義的取向，但也不得不迎合觀看者的需求，在顛覆霸權或是反抗歧視的部分，較爲欠缺，反而有強化族群刻板印象的危險。

因此，美國印第安保留區，或是紐西蘭毛利族對於觀光與族群文化展示可能帶來的負面影響，而採取的一些措施就值得台灣學習與借鏡。印第安保留區經由「過渡儀式」來幫助觀光客先理解印第安文化的特性，適度引領觀光客進入其文化情境，進而有效規範觀光客的行爲，以達成「原住民自主性的觀光」（謝世忠，1994）。林志興觀察紐西蘭的毛利文

化節，發現毛利人的傳統與文化自主的堅持（包括全程使用毛利語後，才由英文翻譯解釋各種儀式的意義；禁止觀光客攝影以免造成對於儀式的干擾與不敬），是毛利人在文化領域得以表現強勢的重要因素（林志興，2000）。因此，如何在台灣培養原住民對於自我文化傳統的堅持，以及漢人對於差異文化的尊重，文化藝術節可以扮演一個重要的「學習管道」，讓兩者得以相互學習與理解。經由對於傳統文化的堅持與自主，以避免大雜燴與媚俗的文化活動危害了原住民文化的發展。

此外，在台灣不同的族群文化節裡，福佬客文化節是比較特殊的例子；相較於其他文化節試圖建構「客家是什麼」、或是凝聚「族群認同」時，福佬客文化節想要說的卻是，很多的時候，客家與福佬（閩南）文化可能是混在一起難以分別的；而要凝聚「客家認同」時，不要忘記，認同的形式是多重的，「福佬客」也是一種認同的態度。

這種多重認同方式的推動仍遭遇一些困難，很多人無法接受「福佬客」的認同方式，一方面對福佬人而言，他們不大願意接受自己有客家血緣的可能；對客家人而言（如詔安客），覺得自己就是客家人。加上「福佬」這個名詞對閩南人而言有些歧視意味，福佬們並不喜歡，所以往往在推動上受到否定。但是「福佬客」的概念顯示出身分或文化認同其實是可以自由選擇的，認同的樣貌是多重的，因此，對客委會，作為各族群平台的委員會而言，是值得投入的[12]。

為了推動多重認同而舉辦的「福佬客」文化節，側重於舉行座談會、研討會、或是有關福佬文化事物的展示為主，希望經由不斷對話的方式，讓更多人接受這樣的概念，一方面福佬客的概念除了貼近台灣族群關係的現實：族群邊界經由通婚或是混居，其實已經在不斷消失之中；另外福佬客的概念也有助於族群關係的和諧，如同學者楊聰榮指出：

一個社會如果族群關係越和諧，願意承認自己具有兩種文化的人就

[12] 客委會江清松科長訪談。

會越多，而具有兩種族群文化的人越多，族群關係也就越寬鬆。反過來說，如果族群關係越緊張，會壓縮中間範疇的界限，到頭來這樣的人只好選擇一邊來作為認同的對象。因此，中間範疇的存在顯示出社會的成熟度，以及對於不同族群的包容程度（楊聰榮，2004：31）。

歷經三、四年的時間，福佬客文化節提供了一些新的認同對話空間，讓不同背景的客家族群在文化節的座談會中，與大家不斷對話、重構自我認同，也開展出更多認同的可能性。

捌、結論：文化藝術節與多元文化的落實

自從台灣開始發展多元文化政策後，各種族群文化在台灣社會的能見度急速增加；隨著地方觀光休閒與文化經濟的推波助瀾，族群文化藝術節也成爲高度被注意與重視的議題，但除了經濟與政治的因素之外，這些文化節也帶來許多社會與文化上的影響。

從台灣的族群文化節來看，我們可以發現具有以下幾種重要功能：

1.文化藝術節得以提供同一族群特殊的意識、自覺與感應，進而強化其族群認同；或是提供族群享受獨特族群文化的可能。
2.文化藝術節是一種「自我定義的基地」，經由文化節中建構或是傳送自我文化特色的詮釋方式，不只在於他們希望尋求一個真實的自我認同，更是希望洗刷或是脫離過去其他族群或優勢階級賦予他們的刻板印象。

3.族群文化節的確提供了一個族群文化藝術發展的空間，讓不同族群文化藝術得以茁壯，也具有文化傳承的功效。

4.文化藝術節是一種族群的公共展示，讓其他族群可以透過文化藝術節增進相互的理解。

由此看來，文化藝術節應被視爲落實多元文化的重要工具之一，但是，在實際的操作面上，卻可能過度重視經濟與政治的利益，反而扼殺族群文化藝術發展的空間，或是強化某些刻板印象的結果。

如何讓文化藝術節成爲掃除族群歧視、增強族群主體性、以及提供自我認同不斷對話的空間等議題，都是在台灣社會較被忽略的。相較於具有高度自主性、對抗霸權的加勒比海文化節的經驗來看，台灣的族群文化藝術節這方面的經驗是較爲缺乏的。因此，如何強化族群主體性與文化認同，需要更爲根本的族群文化藝術的生根與培養作爲後盾，像是語言教育、傳統文化傳承、文化保存等等，這都有賴於其他文化政策來支援，如社區總體營造的推動、族群文化藝術團隊的扶植、語言政策的推廣等，才能強化未來族群文化藝術節的發展。

參考書目

一、中文部分

江冠明（2003），〈南島文化節？還是歌舞節？〉。檢自「新台灣新聞週刊」第 354 期，2003 年 1 月 2 日，網址：http://www.newtaiwan.com.tw/bulletinview.jsp?period=354&bulletinid=11790

行政院文化建設委員會（1996），《立法院教育委員會報告》，台北：文建會出版品。

行政院文化建設委員會（1997），《立法院教育委員會報告》，台北：文建會出版品。

行政院客家事務委員會籌備處（2001），《行政院客家委員會成立大會專刊》，台北：行政院客家事務委員會籌備處。

行政院客家委員會（2002），《客家文化振興第一期六年計畫》，台北：客家委員會。

行政院客家委員會（2003），＜細說客家桐花季＞。檢自「桐花季」，網址：http://www.ihakka.net/tb/2003/p06.htm

李登輝（1994），〈總統李登輝致詞〉，《中華民國八十三年全國文藝季系列活動：原住民文化會論文集》，頁 1-2。

林志興（2000），〈毛利文化節中文化權的實踐與展現〉，《原住民文化與教育通訊》，頁 8-11。

陳嘉信、施鴻基、李蕙君（2004），〈南島文化節，不脫趕集式框框〉，聯合報，八月二十八日，B2 版。

楊聰榮（2004），〈福佬客談台灣族群分類結構〉，《台灣福佬客座談會手冊》，頁 30- 33。

管紫君（2004），（大家一起去趕節），經濟日報，4 版，十一月三十日。

戴寶村、温振華（1998），《大台北都會圈客家史》，台北：台北市文獻委員會印行。

謝世忠（1994），《山胞觀光：當代山地文化展現的人類學詮釋》，台北：自立晚報。

謝世忠（1996），（「傳統文化」的操控與管理:國家文化體系下的臺灣原住民文化），《山海文化雙月刊》，第 13 期，頁 85-101。

二、英文部分

Bakhtin, M. (1984), *Rabelais and His World*, trans. by H. Iswolsky, Bloomington, IN: Indiana University Press.

Bankston, C. L. & J. Henry (2000), *'Spectacles of Ethnicity: Festivals and the Commodification of Ethnic Culture among Louisiana Cajuns'*, *Sociological Spectrum*, 20: 377-407.

Bhabha, Homi K. (1994), *The Location of Culture.* London: Routledge.

Bramadat, P. A. (2001), *'Shows, Selves and Solidarity: Ethnic Identity and Cultural Spectacles in Canada'*, Commissioned by the Department of Canadian Heritage for the Ethnocultural, Racial, Religious and Linguistic Diversity and Identity Seminal, November 1-2, 2001, Available on-line at: www. metropolis.net

Conner, G. & M., Farrar (2004), *'Carnival in Leeds and London, UK: Making New Black British Subjectivities'* in Riggio, M. C. (ed.) *Carnival: Culture in Action; the Trinidad Experience,* London and New York: Routledge.

Gillies, M. (2004), *'Festival: Now and Then'*, *Sounds Australian* 63: 5-7.

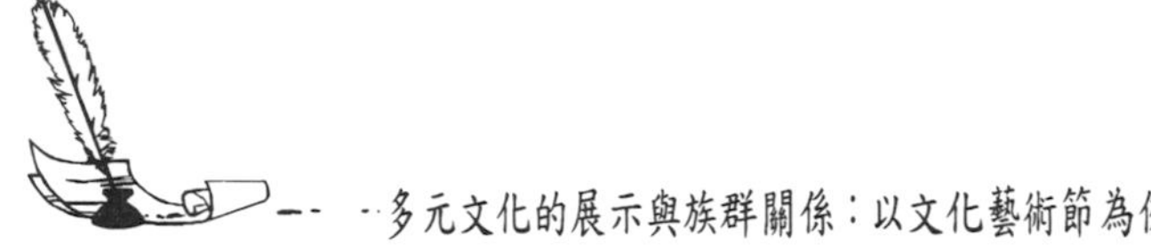

Falassi, A. (1987), *Time out of Time: Essays on the Festival.* Albuquerque: University of New Mexico Press.

Nurse, K. (1999), *'Globalization and Trinidad Carnival: Diaspora, Hybridity and identity in Global Culture'*, *Cultural Studies*, 13(4): 661-690.

Quinn, B. (2003), *'Symbols, Practices and Mythmaking: Cultural Perspectives on the Wexford Festival Opera'*, *Tourism Geographies* 5(3): 329-349.

Sadie, S. (1980), *The New Grove Dictionary of Music and Musicians*, London: Macmillan.

Shukla, S. (1997), *'Building Diaspora and Nation: the 1991 "Cultural Festival of India"'*, *Cultural Studies* 11(2): 296-315.

附錄　相關訪談名單

原住民部分

1.前原民會文教處處長，現任企劃處處長林江義訪談，2002。
2.泰雅族舞者杜賴・瓦旦，2002。
3.阿美族音樂家巴奈・母路，2002。

客家族群部分

1.客委會海外科科長江清松，2005。
2.客委會文藝科科長鍾青柏，2005。
3.客家文化工作者曾年有，2005。
4.客家退休老師陳正和，2005。
5.客家大學生范雅涵，2005。
6.客家族群葉佐霖，2005。

原住民文化產業的探析*

謝登旺**

壹、前言

貳、問題意識

參、開展原住民文化產業的契機

肆、原住民文化權的實踐方法

伍、結論

* 本文發表於「2005 年多元文化與永續發展研討會」，2005 年 10 月 22 日，台北：台灣大學國家發展研究所。經評論後略作修正題目。

**元智大學社會系副教授兼師資培育中心主任暨幼兒保育技術系主任。

壹、前言

台灣原住民長期以來無論是在生存環境、文化發展、經濟條件……方面均屬相對弱勢，吾人如從歷史階段考察，可知台灣原住民族的傳統經濟，是狩獵、漁撈與山田燒墾農作並重的生計經濟，日據時期由於採取隔離政策，各原住民族的生計活動、社會組織及部落文化，大體維持傳統風貌，未有基本改制。四○年代，政府推行「生活改進運動」、「獎勵定耕農業」、「育苗造林運動」及山地保留地地籍測量與調查，才開始有重大變遷。五○年代受市場經濟體系影響，原住民外出打工謀生成爲風氣，造成原住民部落快速解組，原傳統組織與營生方式無法有效運作。六○年代，大量的青壯原住民到以漢人占多數之都會區謀生，目前原住民已遍佈全台閩地區三百五十七鄉鎮市，約四十萬人占總人口的 1.8%左右。（李明政，2001：296-297）[1]。

台灣原住民人口雖不多，但族群多、文化差異大、空間分布零散、生活機會及資源相對匱乏，尤其台灣光復後，部落時期的傳統宗教信仰、社會組織、營生方式等都面臨鉅大衝擊，造成族群的永續發展受到嚴重威脅。職是，爲改變原住民族的現況，需思考如何凝聚原住民的共識力量，發揮民族文化的原味、特色，創造永續發展的希望工程，因此有計畫地推行原住民文化保存是必須的。

按民國九十四年二月五日總統明令公布的原住民族基本法，第十條即規定：政府應保存與維護原住民族文化，並輔導文化產業及培育專業人才。吾人試將前揭條文稍加詮釋：原住民族文化之保存與維護乃政府應善盡之職責，唯保存與維護之道，似可藉輔導文化產業及培育專才之

[1] 至 2004 年台灣原住民已增爲 45 萬人，占全台人口總數的 2%。

方式以達成之。誠然，過去幾年以來政府曾藉社區總體營造的運動，希望能多少保存原住民之文化並適時做好文化建設工作。不過由於社區總體營造即是在進行地方生活文化的再生運動，地方文化包括自然、人、技術、歷史等融合而成的傳統文化，如何讓它恢復與創新，這不只是一個關心的話題，也是一個嚴肅的課題。而當原住民地區受創或傳統文化延續受外力威脅瀕臨流失之際，如何重建回復乃當務之急。以下擬針對長遠性的原住民文化產業發展問題提出問題診斷，並因之對原住民文化權發展探討其中實踐的方法。

貳、問題意識

台灣的原住民地區同樣受到「現代化」、「都市化」、「外來文化」等影響，使原本傳統文化面貌早已改頭換面，此意謂今天台灣的原住民居住地區也面臨了環境惡化的問題，包括人口的外移、初級產業的沒落、自然資源的破壞、經濟的掠奪等，亟需重新尋找新的生機與活力。針對此，過去幾年來「社區總體營造」確曾提供一種思考方向：（陳其南，1998a：2）

1.**產業活動轉型的方向**：地方文化休閒遊憩產業。
2.**文化的市場性與經濟價值**：「文化的時代」與「文化產業化」。
3.**產品的個性化、定著化與品質化**：「地方的時代」與「產業文化」。
4.**人性化的社區家園**：豐富的自然資源、美感的、景觀空間乾淨舒爽的環境、有內涵的傳統文化、洋溢魅力的產物與民藝、優雅精緻的藝術活動。
5.**產業活動與地方生活的結合**：爲了住民，爲了下一代的社區總體營造。

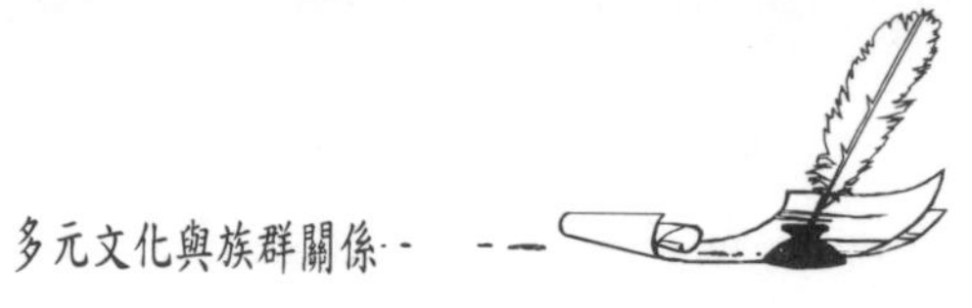

吾人深知原住民地區受到過去的產業發展政策，忽略了地方和社區，造成地理上的城鄉差距，今後解決之道可藉由產業型態的調整，改變經濟和生活形態的落差，而要地方和社區恢復生機與活力，必須做到如：開創具有地方特色的文化遊憩計畫，發展多目標、多機能的文化產業，這就是所謂的「營造」工作。每一原住民社區和地方，特別就自己的條件與特色，進行營造新社區、新產業的運動，它需要居民的參與，更要以自主、自治和獨創性的原則，發揮敏銳的感性和豐富的想像力，創造出地方的特性。（陳其南，1996a：113）至於營造的方式如何？要之，「社區總體營造」即企圖在當前的掠奪性經濟發展思考模式之外，尋找一種地方導向型和內發型的經濟發展策略，取代以引入外來資金帶動地方發展的做法，以免帶來了各地均質化、單一化的發展面貌，使地方的特色在發展過程中流失。這種生態性的地方發展策略，目的就是要維持地方產業與環境生態的平衡，開拓出一條永續的發展方向。（陳其南，1998b：7）更以社區共同體化的生產模式，發展永續性和地緣性的產業類型，例如以景觀產業、文化產業、學習產業和活動產業，來振興地方的活力與生機。（陳其南，1998b：7）只是千萬不要以降低成本，大量開發的經濟模式，從事地方產業的發展，把地方人士完全變成純粹的生產線工人，喪失其生活自主性，而造成產業與地方脫節。（陳其南，1998b：7）至於原住民地區下一步的發展方向，應該是以服務經濟爲主的第四級產業，有人稱之爲「美感遊創性」，意思是指美學、感性、遊憩與創意而言，這就是廣義的文化產業。（陳其南，1996a：112）

除了上述的產業發展之外，今天原住民地區最大的問題之一就是居住人口的流失、向外遷移，所以社區總體營造的目的是要重新營造一個大家都願意回來居住的環境；因此，今後原住民地方社區的重建問題，最主要的議題仍在於如何保持既有鄉村傳統景觀格局，又能提供生活的便利和舒適。讓住在傳統鄉間的現代人，包括政治人物和專業人士也都可以怡然自得，那麼鄉村地區就可以保有一定的人口數量，吸引都市居民回流，以維持一個合理的社區規模，促進資源有效的分配。（陳其南，

1998a：5）

參、開展原住民文化產業的契機

原住民地區如同台灣許多的農村地區一樣，其原初級產業已沒落，在工業化的衝擊下，不見得能走向工業化、都市化的道路，而且也不必要，因此如未能在經濟上維持住生機與活力（如前所述），接下來恐怕就得走上「文化產業」的方向來開發。地方上，不論原來是何種類型的產業，傳統的農漁業、土產特產業、觀光遊憩業，都可以加上文化性的包裝，增加其吸引力和價值。另一方面，傳統的和創新的文化特質，也可以走向「農業化」的方向，再附加上經濟價值。例如傳統建築和手工藝品、民俗廟會活動，都可以加以包裝，建立地方特色。（陳其南，1996a：112）正如陳其南直言：「在現代鄉村和社區已經脫離了純粹初級產業的生計經濟基礎，『文化』產業和環境幾乎是維繫其生機的唯一出路。」（陳其南，1998a：5）又說：「假如我們說社區是文化的總體表現，並主張文化用來營造一個地方和社區，那絕不是一個過分理想化的念頭，反而這才是最實際的策略。社區總體營造的內容、精神和原則，最後的歸結點必然是文化的。」綜合以上可知，文化產業是一條必走的路，而文化產業究係何指？黃世輝（2001：24）界定爲：「以社區居民爲共同承擔、開創、經營與利益回饋的主體，以社區原有的文史、技術、自然等資源爲基礎，經過資源的發現、確認、活用等方法而發展而來的，提供社區生活、生產、生態、生命等社區文化的分享、體驗與學習的產業。」

職是，原住民文化產業是指當地部落的人文、歷史、藝術、手工藝品、自然生態等相關議題，經由部落社區人士的活化，讓部落更有生命力，所以會提升部落的生產、生活、生態是有生命的相關文化，並使部落原鄉確立產業主體性，營造部落經濟成長，提升部落文化之相關產業。

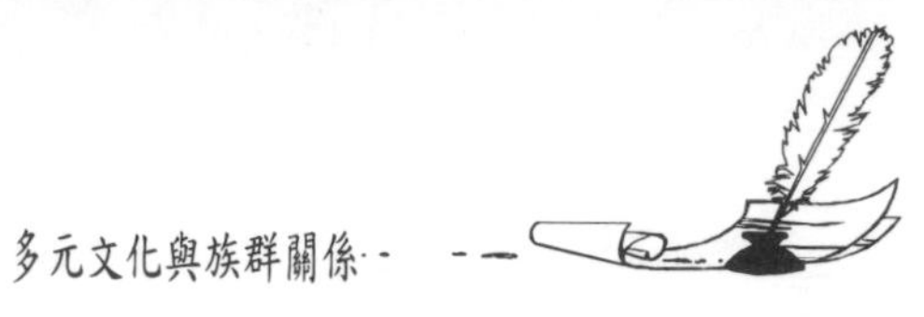

（黃煌雄，黃勤鎮，2004：17）。時下常見之原住民文化產業內容包括：傳統織布、服飾設計製作、手工棉帽製作、十字繡、手工布染、竹編、藤編、塑膠藤編、月桃編織、香蕉編織、草蓆編織、琉璃珠製作、木雕、石雕、獸骨雕、皮雕、陶藝、原石彩繪、押花、番刀製作、景觀設計、鑲嵌玻璃等等。（黃煌雄，黃勤鎮，2004：206）茲重新整理如表 5-1：

表 5-1　原住民文化產業一覽表

布	傳統織布、服飾設計製作、手工棉帽、十字繡、手工布染
編	竹編、藤編、塑膠藤編、月桃編織、香蕉編織、草蓆編織
雕	木雕、石雕、獸骨雕
陶	陶藝、押花
石	原石彩繪
刀	番刀製作
琉璃 玻璃	琉璃珠 鑲嵌玻璃
音樂	八音、樂器演奏、傳統歌謠
景觀	景觀設計
畫	繪畫、圖案
祭	祭典儀式
風俗	紋面
文學	口傳文學

資料來源：作者自行整理

眾所皆知台灣原住民地區孕藏豐富的文化技藝，如雕刻、衣飾、生活用品；其文化藝術常表現在工藝文化中；文化資源，如各藝師、自然資源、山林、植物、鳥獸、古蹟等，甚且許多原住民傳統文化資產，都可開發成文化產品的形式與項目，茲將其列如表 5-2：

表 5-2　各文化產品之形式與項目

形式	項目
保存性產品	舊部落遺址，自然景觀
紀錄性產品	傳統文化技藝保存紀錄並成立新的社區活動中心，期望於空間設計中發揮文物館之功能
再生性產品	傳統之木雕、石雕、編織、服飾、飾品等
活動性產品	祭祀、節慶等活動
紀念性產品	結合文化特色包括現代與傳統風格，兼顧實用與欣賞

資料來源：巫銘昌，1999：40，略加修正。

以上這些原屬原住民地方的特產，若缺乏了社區總體營造的文化包裝，便頓然失去了價值無法吸引消費者。即便一個小小的文具、工藝品，正因爲它充滿了歷史的文化和故事，故而即使價格昂貴依然相當有銷路。(陳其南，1996b：66)

眾所皆知世界先進國家所銷售的產品，最主要的賣點即是傳統、文化。文化產業再也不是一個裝飾性、消費性、可有可無的活動，而是充滿無限潛力的生產性活動，是讓地方重現生機與活力思維方法與理念。（陳其南，1996b：66）過去在原住民文化政策或作爲上忽略了保存、維護文化和地方傳統的產業價值，故今後如何再造原住民地區「地方的傳統」激發「地方的魅力」？陳其南（1998a：17）提出以下幾點大方向，允値參採：

一、地緣化

文化產業化的概念，有一個很重要的特性，就是產品必須地方化、地域化，這樣才會對地方各種相關產業活動的振興有直接的幫肋。

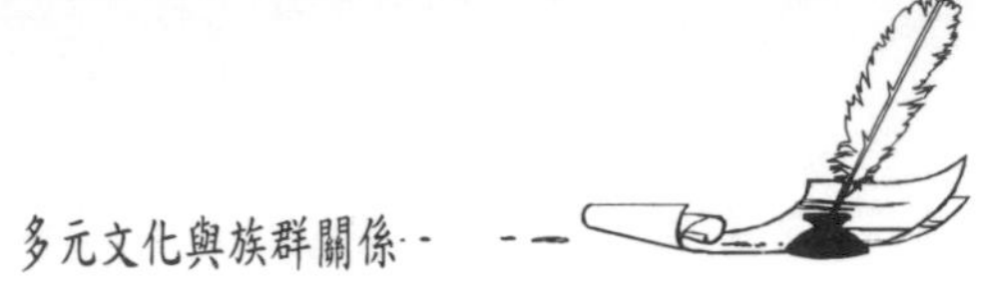

二、內發性

內發性就是要以地方本身作爲思考的出發點，基於地方的特色、地方的條件、地方的人才，甚至是以地方的福祉作爲優先考慮來發展產業。發展的出發點來自地方，以地方自發的或內發的動力及潛力來思考地方未來的發展方向，讓地方的居民更珍惜他們的居住環境，地方的傳統資源，傳統特色或是自然人文環境。

三、生活環境導向

居住環境的考慮，基本上就是一種生活品質和生活美學的提升，是所有其地精緻文化資產發展的開端。

四、知性導向

原住民的原始生活狀態完全保留下來，不是作爲活標本供外人參觀娛樂，而是以驕傲的傳統作爲部落和地方恢復生機與活力的基礎。藉「新故鄉運動」和「新部落運動」重建後，讓部落可以存續下去。接著以社區總體營造的策略將原部落初級產業整合後變成第四級產業，就是以文化和學習作爲定位的資訊及知性產業。

五、共同體生產模式

爲了使少量而多元的地方產業能夠發揮其經濟效益，其社區性和區

域性應必須相當高。意即其文化生活的產業必然是社區化和地方化的產業。譬如原住民社區有的家庭種小米、有的經營民宿、有的從事傳統工藝、有的維持祭祀活動，整個村落的生產型態必須重新整合，重新配置，這是一種新的社區生活方式（mode of life）或社區生產方式（mode of production）。除上述陳其南指出的方向之外，尚可呼籲：活用社區多樣資源，進行一村多特色之社區再造。日本社區營造大師，千葉大學工學部教授宮崎清介紹日本大分縣的社區再造時，提到過去「一村一特產」的運動，無疑地是落入了近代經濟學思維的死胡同中，終將導致社區潰敗，走向絕路。職是，為了對抗「一村一特產」的大量生產型運動，改採「一對多特色，少量製作」的運動，讓社區裡的每一個人的個性，變得多元而生氣活現，這就是豐裕社會，多元文化並存，每個社區文化或個體都能成為主角的社會。（宮崎清，2001）

再者，可在原住民地區推行「地方資源再發現」運動，正如宮崎清所稱：地方上實在存在著各式各樣的資源，在地方上沉眠著，未受到活用，因此推行「地方資源再發現」及以不帶成見的眼睛為社區策劃……，等等行動的徹底貫徹，是此後社區總體營造裡最重要的事情。（宮崎清，2001）氏又提到社區尋寶活動，盡可能以徒步的方式巡訪社區，要五種感官——視覺、聽覺、觸覺、味覺、嗅覺總動員，同時也培養「社區優先」的眼光，就能看到蘊含在地方上的無限財產，開始確認社區的認同、個性等等是一個寶，進一步把它與地域振興運動結合。（宮崎清，2001）此正與桃園縣社區總體營造界耆老林禧達先生所提：知寶、惜寶、典寶的觀念吻合，希望今後在原住民社區可以努力找到更多的寶。

要之，原住民地區的文化產業再生，靠社區總體營造得以實踐，此中關鍵在於：培養人才，打造良好居住環境與終身學習機制的建立，此三者即社區總體營造的三個支撐點。而在過程中，要實現「社區自立」、「社區感到自傲」，從中培養原住民的同體（生命共同意識）、同演（動員社區居民共同參與）、同夢（與社區居民追求共同願景）的「二自」、「三

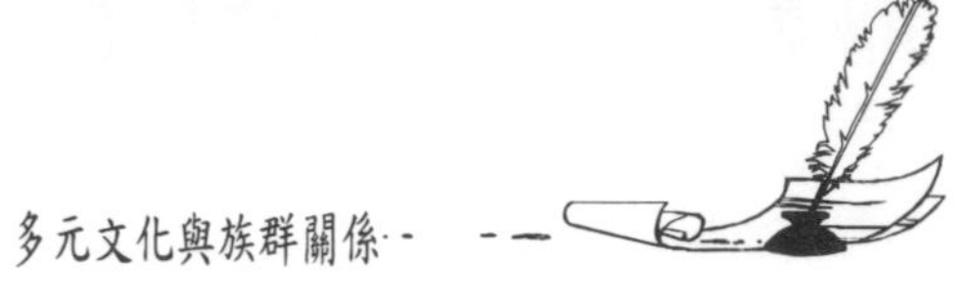

同」精神內涵。（黃武忠，2002：63）相信原住民的文化產業在社區總體營造促動下會生機活現。

肆、原住民文化權的實踐方法

台灣十二個原住民族豐富多采的原住民文化，添增了台灣文化的多元性與特殊性。然而原住民在台灣歷史長河之發展過程中，逐漸淪爲社會弱勢族群，持續處在社會邊陲的位置，原住民文化因而嚴重失衡，甚至面臨存亡之困境。當社會的多元化發展愈臻成熟之際，吾人愈應對原住民文化的特殊性予以認識並尊重，並思考如何解決其文化危機，是故如何整合公、私部門資源，共同促進原住民文化產業之傳承、生存發展乃當務之急。茲再就實踐面若干問題析論如下：

一、原住民文化權的正反論點

原住民文化權是否應予特別維護？依據李明政（2003）歸納多元文化民族政策論者、民族自決權的觀點，民族文化權的論點及文化福利權的論點，皆有贊成與反對者，各論皆言之成理，見仁見智，莫衷一是（茲整理如表 5-3）。筆者較持贊成論的觀點，即以台灣原住民文化爲例，島上其他優勢文化應對原住民文化高度尊重且助其發展；況無論從憲法或相關法律既都有明文，怎可有法不依、有法不執行？則當初又何必立法？再者透過對原住民文化權的重視，適時加強其「能力建構」，以維其基本生存競爭條件，不啻是好事一樁。

表 5-3　原住民族文化權的正反論點

贊成論點	反對論點
1.多元文化民族政策：強調各族群相互依存尊重及平等關係上的共同生活。	1.社會趨同論：傾向忽視基於文化歷史特性考量的相關政策。
2.民族自決自治權的觀點：由原住民自由地決定其政治、地位，發展其經濟、社會與文化。	2.民族自治權的論點：使原住民擁有民族自決權無異鼓吹叛亂、分離影響國土的完整。
3.民族文化權的論點：聯合國原住民權利宣言草案第三部分第十二條至第十四條，應予保護。	3.民族文化權論點：認為採取多元文化政策，使用多語教學，追求各族群文化特色，會讓不同文化族群的人日趨隔閡不相往來，只會加速文化倒退到封閉世界。
4.文化福利權的論點：推動「能力建構」(capital building)，追求「縮短差距」(closing gap)。	4.文化福利權的論點：相對的優惠化無助於解決原住民的基本生存結構問題，只會造成相對的不公平及過度依賴和資源浪費，並滋生投機取巧、低度學習動機，形成貧窮文化惡性循環。

資料來源：整理自李明政，2003：180-210。

二、原住民文化權保護的法制

歷經外在政治環境之劇變與衝擊，其傳統文化正在逐漸流失，政府及民間亟應重視此一議題，採取必要法律措施，以維護其文化保存，並促進其發展。

蓋從國際發展趨勢觀點看，近年來在國際上愈來愈重視對原住民傳統文化之保障訂定規範，以宣示維護其權利之精神及行動。例如聯合國

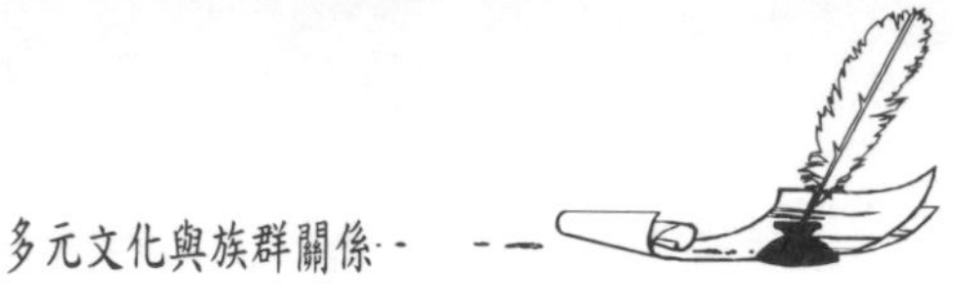

「原住民族權利宣言」（草案）第十二條：「原住民有權遵循和振興其文化傳統和習俗。包括有權保存、保護和發展其文化的舊有、現有和未來的形式，例如考古和歷史遺址、人工製品、圖案設計、典禮儀式、技術、觀賞藝術和表演藝術，有權收回未經他們自由和知情同意或違反其法律、傳統和習俗而奪走的文化、知識、宗教、精神財產。」第二十九條：「原住民對其文化和智慧財產的全部所有權、控制權和保護權應得到承認。原住民有權採取特別措施，發展和保護自己的科學、技術和文化表現形式，包括：口授傳統、文學、圖案、觀賞藝術和表演藝術。」等規定，此亦顯示出保護原住民族傳統智慧創作之價值及必要性。我國面對此一尊重原住民族傳統智慧創作成果之潮流，雖然在憲法增修文第十條第十一項宣示：「國家肯定多元文化，並積極維護發展原住民族語言及文化。」，同條第十二項亦規定：「國家應依民族意願，保障原住民族之地位及政治參與，並對其教育文化……予以保障並促其發展」，以上可作為保護之憲法基礎。然而政府為更進一步正視國內現行法對於原住民族傳統智慧創作保護不足之實際問題，提出具體之法律保護措施，以資適用，爰再依原住民族基本法第十三條規定：「政府對原住民族傳統之生物多樣性知識及智慧創作，應予保護，並促進其發展；其相關事項，另以法律定之。」並參考國際發展及斟酌國內需求，擬具原住民族傳統智慧創作保護條例草案，共二十三條。按該條例草案之立法目的旨在保護原住民族之傳統智慧創作，促進原住民文化發展，又於條例草案第三條中，明文規定所稱智慧創作，指原住民族傳統之宗教祭儀、音樂、舞蹈、雕塑、編織、圖案、服飾等之民俗技藝及其他文化成果之表達。

原住民文化值得保護者不少，須從健全法制的角度確實做到保護的責任。依上面所述之原住民文化權保護工作，須從體察世界潮流趨勢來啓動，並在憲法層次與法律位階上完成法制工程，而具體執行面則交由行政院原住民委員會，針對保護原住民文化權進行規劃、輔導、協調等工作。茲將原住民文化保護法制體系概念繪如圖 5-1：

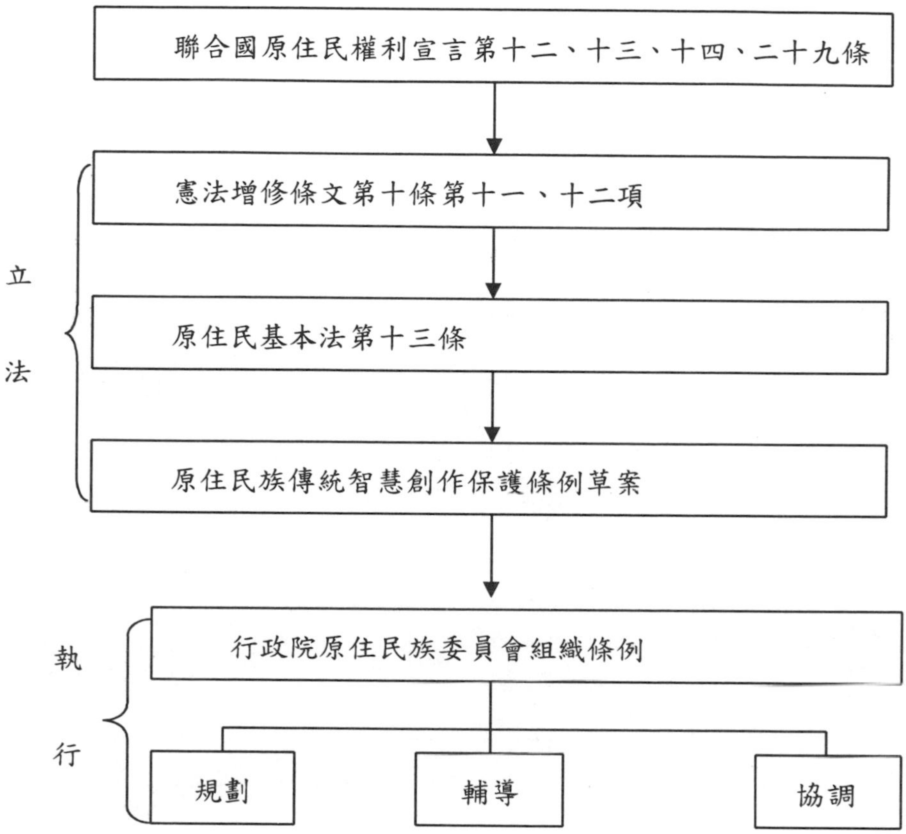

聯合國原住民權利宣言第十二、十三、十四、二十九條

↓

立法

- 憲法增修條文第十條第十一、十二項
- ↓
- 原住民基本法第十三條
- ↓
- 原住民族傳統智慧創作保護條例草案

↓

執行

- 行政院原住民族委員會組織條例
  - 規劃
  - 輔導
  - 協調

圖 5-1　原住民族文化權保護之法制體系

資料來源：作者自行繪製。

三、原住民文化權保存之教育手段

台灣原住民各族皆具特有之傳統文化內涵與工藝，若能詳加整理、研究，達到精純實用、量產的規模，將可開拓多重商業利益，例如原住民工藝產業不僅可解決就業問題，更可爲原住民地區帶來無限生機和活

力。欲推動此項原住民社區產業的工作，應從人力資源改造開始，積極培訓原住民產業經營人才，提升經營管理能力，加強傳統技藝訓練。（黃煌雄、黃勤鎮，2004：22）

由於文化產業是一項以人爲本的產業，應該首重「人」的文化素養、文化認同、美感與藝術方面的培養，需透過教育才能達到此項目標。（黃煌雄、黃勤鎮，2004：22）目前原住民地區常出現人力的空洞化、人口老化、人才斷層，造成對原住民文化的傳承、創新皆不足，且無學習誘因，遑論競爭力可言！若從政府扶助或福利照顧著手都只能治標，但若由教育著手，從根本上提升原住民的知識與能力，才是解決之道。茲將概念圖示如圖 5-2：

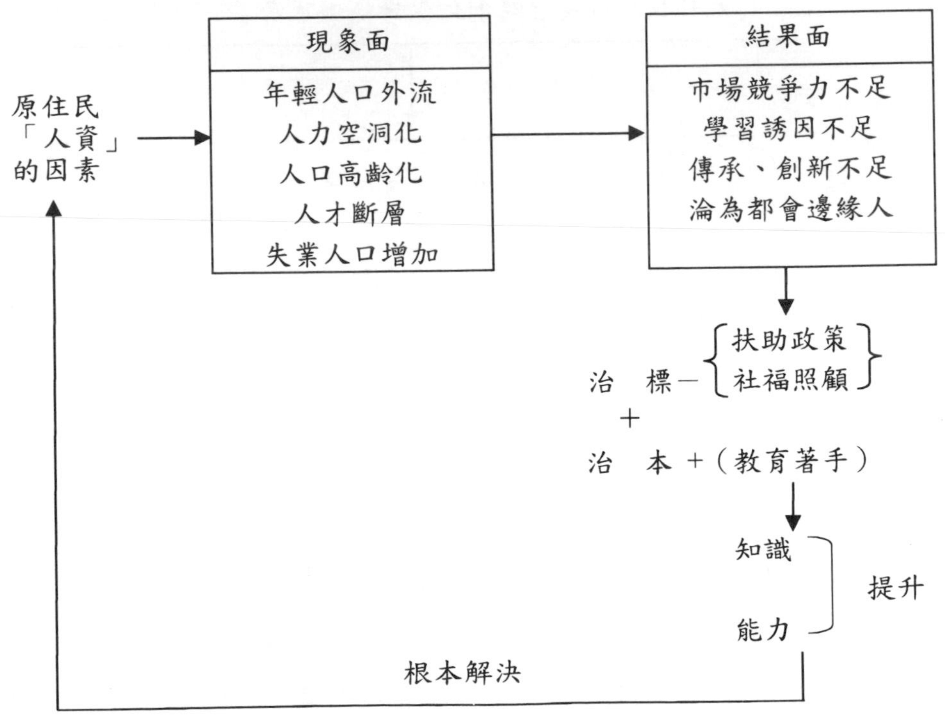

圖 5-2　原住民文化產業中「人」與「教育」的問題

資料來源：作者自行繪製。

就教育實質的角色而言，在當今教育體系中大學對原住民文化產業的發展，其實可扮演相當關鍵的角色，它的相關系所平時可透過終身學習的平台，爲原住民提供學術服務，提升其知識與能力，另外針對原住民文化產業包括計劃的擬訂、活動的執行、創新研發工作等，皆可由主動策劃、參與協助、專業諮詢甚至提供必要資源等，作不同程度的貢獻。茲將其想定列如表 5-4：

表 5-4　大學參與原住民文化產業發展想定

	主動策劃	參與協助	專業諮詢	提供資源
原住民文化產業發展計畫擬定訂		V	V	
輔導原住民文化產業推動		V	V	
原住民文化產業存續工作		V	V	
原住民文化產業創新		V	V	
原住民歷史文化遺產調查整理	V			
原住民鄉土文化特產研發創新		V	V	
原住民文化活動舉辦	V			
原住民自然休閒景觀規劃		V	V	
原住民地方文化設施規劃		V	V	
原住民文化產業終身學習機制	V			V

資料來源：作者自行繪製。

要之，大學若是有心於協助原住民文化產業振興發展，除學校本身自有的學術資源外，尚可結合外部的公私部門資源，整合後發揮最大的綜效。此項工作是爲原住民做好教育紮根與培育人才的希望工程，大學能不缺席最好，原住民也將藉其協助，引爆其潛能。

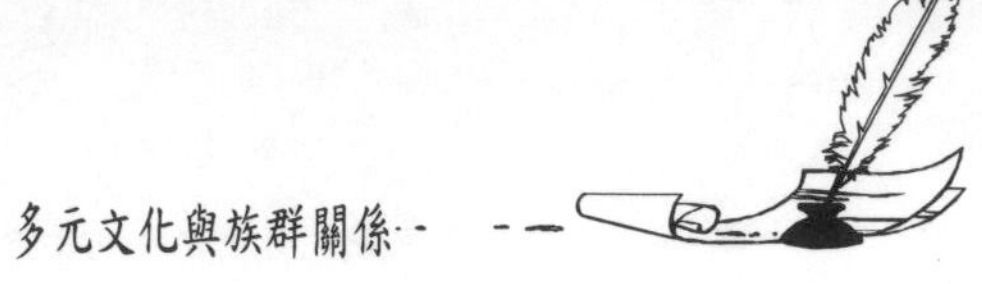

伍、結論

文化權既是原住民基本權利之一，原住民族雖具有豐富多元的文化內涵，但因本身在環境上存在著種種限制與困境，欲作文化保存、存續、維護、發揚等常感力不從心，致使文化權倡議效果不彰，名實不符。今因原住民基本法已有條文明示，故藉由文化產業之相關概念建構，落實於實際生活中，從健全法制，強化教育著手，當爲發揚原住民文化權之不二法門。

參考書目

巫銘昌（1999），<原住民部落總體營造經驗談（文化產業篇）── 屏東縣泰武鄉萬安部落為例>，《原住民教育季刊》15：16-46。

李明政（2001），<原住民福利服務>，收入：詹火生、古允文編《社會福利政策新思維》，台北：厚生基金會，頁 295-310。

李明政（2003），《文化福利權》，台北：松慧有限公司。

宮崎清（2001），<江户庶民生活學習之地域資源活用方式── 宜往宜遊之社區再造>，收入：《社區總體營造年會成果彙編》，台北：文建會，頁 63-87。

陳其南（1996a），<社區營造與文化建設>，《理論與政策》，八十五年春季號，頁 109-116。

陳其南（1996b），<地方行政與社區總體營造>，《台灣手工業》59：60-68。

陳其南（1998a），<重建社區新文化>，《福利社會》66：1-14。

陳其南（1998b），<社區總體營造的永續發展策略>，《社教資料雜誌》241：5-7。

黃世輝（2001），<文化產業與居民參與>收入：《社區總體營造彙編》台北：文建會，頁 23-31。

黃武忠（2002），<如何以社區總體營造觀念推動桃園縣文化藝術活動>，收入：桃園縣政府，《桃園縣地方發展公共論壇大會手冊》，2002 年 8 月 15 日，頁 63-64。

黃煌雄、黃勤鎮（2004），《原住民地方文化產業總體檢》，台北：遠流。

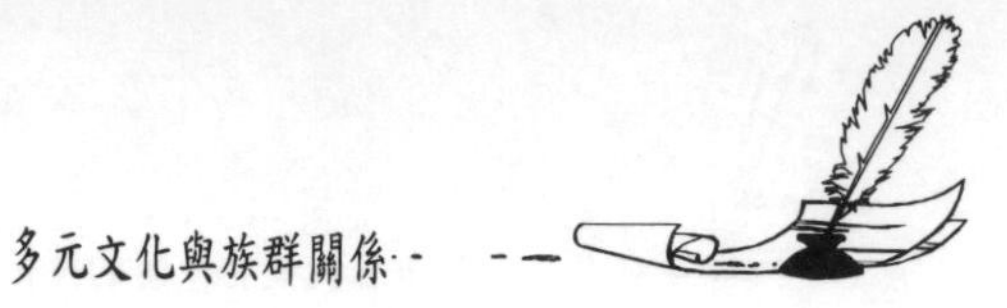

臺灣原住民族的文化產業與休閒觀光之互動

以茶山部落為例

洪泉湖*

* 元智大學社會系教授。

壹、前言

近年來，無論是國內或國外，少數民族的文化產業一直是學術界關心的議題，這至少是基於下列的原因使然：(1)全球化時代的來臨，加速了主流文化對少數民族弱勢文化的衝擊，使得少數民族文化流失的情形更加嚴重，於是少數民族乃興起一股文化復興的熱潮。加上社區主義的出現，促使社區總體營造成爲一股風潮，而社區總體營造的核心概念之一，即本土文化的展現，因此，少數民族的文化復興，正可藉由社區總體營造的方式，帶動文化產業；(2)休閒時代的來臨，使得人們需要更多的旅遊景點、觀光內涵或學習對象，在人們看畫展、聽音樂會、洗三溫暖之餘，更興起一股「異族觀光」的熱潮，少數民族文化因而倍受重視。而在各國紛紛加入世界貿易組織（WTO）之後，傳統農林漁牧業受到衝擊，必須調整因應以求生存，因應的方式之一，即將農林漁牧資源與少數民族文化結合，並轉型爲觀光、休閒旅遊型態的服務業，應屬最爲可行。因此，少數民族文化產業與休閒觀光之結合，便成了一種時代的趨勢。

就台灣而言，原住民的文化產業，正也面臨了這樣的危機與轉機。但將文化產業與休閒觀光結合，究竟能否成功？方式爲何？有無副作用？這些都是吾人所關切的問題。本文擬以台灣嘉義縣阿里山鄉的茶山部落爲例，嘗試瞭解、分析這些問題，並提出建議以供各界參考。

貳、文化與文化產業

一、文化的意義與內涵

何謂文化？有些學者認為它是社會成員長期以來所形成的一種既定的生活方式。[1]有些學者則認為文化是由各種「模式」（patterns）所構成，它包括社會成員的傳統價值觀念、意識型態、行為規範、風尚（fashion）等等。[2]概括來說，它有廣義和狹義之分。廣義的文化是指人類為了順應或改變生活環境所做的各種努力，以及為了表達情感或創意所創造出來的各種成果；狹義的文化則比較偏重精神層次，包括人們在社會生活中所創造、累積而成的各種知識、信仰、藝術、道德、法律、風俗習慣等等。[3]

文化究竟包括哪些內涵？由於學者對文化的界定不同，文化的內涵也會有所差異。金耀基把文化分為器物、制度和理念三個層次：器物包括生活所需的各種器具、文物和科技發明等，制度是指人類為了維繫群體生活所建立的典章規範，理念則是人們為了感情的寄託、創意的表達所發展出來的宗教信仰、哲學思想和文學藝術等等。[4]

德國文化史學者弗瑞戴爾（E. Friedell）把文化分為三個面向：一是創造，表現於藝術、哲學和宗教等；二是思想，表現於發明、發現、科

---

1 俞智敏等譯（C. Jenks 著）（1998），《文化》，台北：巨流圖書公司。頁 73。

2 同前註。頁 63-65

3 蔡文輝（1993），《社會學》。台北：三民書局。

4 金耀基（1985），《從傳統到現代》。台北：時報文化出版公司。

學、技術等；三是動作，表現於經濟、社會、法律、政治、宗教與風俗習慣等。[5]

國內學者沈清松則把文化分爲五個系統：(1)終極信仰系統，包括宗教、民間信仰等；(2)觀念系統，包括認知體系、神話傳說、哲學、科學等；(3)規範系統，包括價值標準、行爲規範、典章制度、民俗民風等；(4)表現系統，包括語言、文字、藝術等；(5)行動系統，包括各種自然的或社會的技術或行爲模式。[6]

可見文化的內涵頗廣，各家學者的說法也各有不同，不過，大體上來說，文化是指一個社會或一個民族長久以來所創造、累積而成的生活經驗和智慧結晶，它包括了各種知識、信仰、美術、道德、法律、風俗，以及任何其他的能力與習慣的整體。因此，美術、音樂、舞蹈、戲劇、建築、雕刻等藝術，固然是文化的一部分，文學、歷史文物、民俗技藝、宗教信仰、風俗習慣、社會制度，乃至各種知識系統，也都是文化。

二、從文化工業到文化產業

近年來，由於經濟的快速發展，使得人們的物質生活有了明顯的提升，可是在開發的過程中，也導致許多文化資產遭受到大量地破壞，尤其是開發中國家的本土文化，更遭受歐美強勢文化的侵襲，而有土崩瓦解之勢。再從另一方面來看，工業及資訊時代的來臨，使人們生活日趨緊張，強烈的競爭壓力，不但使大家在心理上充滿焦慮，在人際關係上則更加冷漠疏離。因此，在日常生活之餘，更需要精神上的慰藉，文化欣賞正可以提供這樣的功能。在這些背景之下，文化的發展便成爲人們再度的企求。

---

[5] 韋政通（1980），《中國文化概論》。台北：水牛出版社。

[6] 蔡文輝，前揭書。

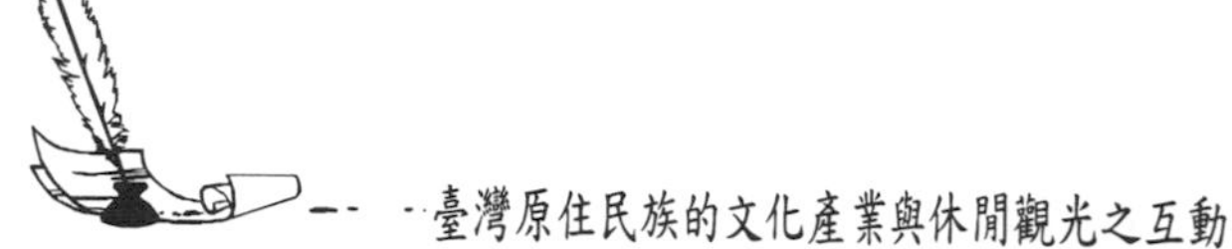

但是，文化的發展是自然而緩慢的，這樣的發展恐怕不足以應付人們普遍的需求，於是有人便想用工業製造的方式，大量製造甚至複製文化產品，以供休閒時代人們的消費，這種方式稱爲「文化工業」（cultural industry）。文化工業具有以下三項特點：(1)文化的產生，越來越像現代大工業的生產過程，它完全是爲了消費而生產，它的生產過程是標準化的，是成批複製的；(2)文化的產生，與現代科技的結合越來越密切，特別是透過大眾傳媒、電子資訊的包裝和行銷，而產生極大的佔有性和強迫性；(3)文化的主體，越來越不是做爲文化消費者的廣大民眾，而是文化製作者和經營著。[7]

不過，這種文化工業的做法，受到法蘭克福學派的強烈批判。法蘭克福學派認爲：(1)文化和藝術跟商業密切地結合，文化產品的接受和生產便爲價格規律所統攝，納入了市場交換的軌道，而具有共同的商品形式和特性，於是藝術退化成宣傳的大眾文藝或商業性的大眾文化，藝術的創作只關心市場導向、賣座率和經濟效益，而不再是藝術的審美價值；(2)文化工業的生產是標準化、齊一化的，這就扼殺了個性，也扼殺了藝術欣賞的自主性與想像力；(3)文化工業透過現代科技的包裝和行銷，迫使消費者不得不接受文化製造者所提供給他的東西，這種強迫性剝奪了個人選擇的自由。[8]

在法蘭克福學派看來，文化工業是一種大眾文化，但並不是一種「爲大眾服務」的文化，而是統治者透過文化的商品化、標準化，而大量複製，並強迫推銷給大眾消費的過程。透過商業式的、市場式的運作，這種文化變成了統治者主宰大眾的工具，統治者透過文化的宣傳和推銷，把人們的思想和心態變得僵化而順從，因而阻礙人們正確認識自己處境的能力，因此阿多諾（T. W. Adorno）稱文化工業爲「鞏固現行秩序的社

[7] 陳學明（2003），《文化工業》，台北：揚智文化事業。

[8] 同前註。

會水泥」。馬庫塞（H. Marcuse）則認爲文化工業的主要特徵是把文化原有的、與現實相對抗的作用消除了，只剩下粉飾現實的這一面，尤其是把人的感性、審美力降低了，所以造成「單面文化」（one dimension culture）。[9]

當然，也有人並不同意法蘭克福學派的看法，他們爲「大眾文化」提出一些辯護，認爲文化並非菁英的專利，而更是屬於普羅大眾的，審美可以在生活中培養，並非一定要超越生活，只要增進大眾對文化的「可及性」，也即增加大眾對閱讀、瞭解文化符號的能力，文化即可普羅化，因而文化工業也不見得一無是處。[10]

相對於「文化工業」，晚近許多學者提出了「文化產業」（cultural industries）的概念。所謂「文化產業」，一方面是指把文化創作當做一種產業來看待時，必須強調文化的內發性、自主性、人性化和創造性，以尊重環境、尊重生命、尊重傳統爲基礎，去傳承和創造新的文化產品，讓科技和經濟回歸它原本的工具性地位，回復人在生產和生活中的主體性，使生命價值、地方資源和傳統文化資產得以延續和開展。[11]誠如人類學家陳其南所說：文化產業「完全是依賴於創意、個別性，也就是產品的個性與地方的傳統性、地方的特殊性，甚至是工匠或藝術家的獨創性，強調的是產品的生活性和精神價值內涵。」[12]另一方面，則指文化與經濟產業是可以相容的，也就是說，在文化產業的體系下，現代的科技、工商業於文化傳統其實是可以相輔相成的，經濟的發展固然不必一定要犧牲傳統文化，而文化傳承與發展也不必然得犧牲地方經濟。文化產業是藉

---

9 蘇明如（2004），《解構文化產業》，高雄：春暉出版社。頁 41-43。

10 同前註，頁 45-47。

11 葉智魁（2002），〈發展的迷思與危機－文化產業與契機〉，《哲學雜誌》第三十八期，頁 14-15。

12 陳其南（1998），〈文化產業與原住民部落振興〉，台北：原住民文化與觀光休閒發展研討會論文。

由創意、想像力與科技來展現、重建、創造出具有地方特色的文化產品，並以適度的包裝和行銷，將人們吸引到當地來接觸這些文化產品，如果這樣的互動效果是良好的，則可以引導人們肯定、尊重、欣賞這些文化內涵，從而激發出文化產業的生機。

因此，文化產業的發展，大致上可以分為「文化產業化」和「產業文化化」兩個面向，「文化產業化」是指將以往在經濟發展掛帥下被忽略、被犧牲的傳統文化，藉由創意、想像力與科技之助，重新賦予生命力，重新加以再造，而形成一種兼具文化價值與經濟效益的文化產業。「產業文化化」則是將原先以工商業導向的掠奪式、入侵式、剝削式產業，以及失去競爭力與經濟效益的農林漁牧業、手工藝品業等，轉型為兼具較富文化內涵的產業。[13]文化產業化和產業文化化這兩個面向的做法，具有截長補短之效，如能具體加以落實，則不但有利於地方經濟振興，而且有益於在地文化的發展，因而創造出更優質的生活環境。近年來，臺灣在文化的發展上，大體上即採取這樣的途徑或策略。[14]

總而言之，文化產業應該要具備以下幾點特色：(1)產品必須具有品味與美感，也即擁有相當程度的文化意涵；(2)必須具有地方特色，最好能配合當地的環境，運用當地的材料，發揮當地的歷史人文精神；(3)必須著重創意與想像力，才能不斷創新產品的內容，帶給大眾不斷的驚奇，才能保有永續發展的能力；(4)它可以是小型的、細緻的，反而可以獲得青睞，大而粗糙的產品將很容易令人生膩；(5)它必須強調生活的、真實的一面，才能擁有持久的創作靈感，才能真正具有生命力；(6)適當的產業包裝與行銷仍是可以接受的，適度與經濟產業相連結也屬可行。

---

[13] 同註 11。

[14] 曾淑正主編（2004），《文化台灣——新世紀新容顏》，台北：行政院文化建設委員會。

三、文化產業與休閒觀光

休閒時代的來臨，固然使得文化產業（尤其是少數民族的文化產業）得到蓬勃發展的機會，但是，若要使文化產業真正成爲休閒觀光的主題或重點，首先得瞭解當代休閒觀光的性質與目標。根據柯漢（E. Cohen）的觀點，休閒觀光者所追求的，可以分爲五種模式：(1)「休憩模式」（the recreation mode），主要是希望恢復身心健康；(2)「逃避模式」（the diversionary mode），即想暫時逃離無聊、無意義的生活環境，以安撫自己的苦悶與疲乏；(3)「經檢模式」（the experiental mode），指休閒觀光者想找一個更純正的地方，以滿足自己對天堂生活的渴望；(4)「實驗模式」（the experienmental mode）即尋找一處可以過著純正生活的地方，他們對當地文化已有一些了解，但仍沒有歸屬感；(5)「存在模式」（the existential mode），即觀光休閒者不但了解某一純正又充滿精神的地方，而且定期重返該地，全心投入當地的文化生活之中。[15]因此；文化產業若要與休閒觀光結合，應可從這五項模式的論述中去思考重點之所在。

就台灣原住民族的文化產業而言，若要結合休閒觀光之發展，似可從下列幾個重點來考量：

1. 自然環境：原住民所居住的地區，大多爲偏遠山區，山林茂密，溪水淙淙，自然景觀豐富，每能令人心曠神怡。因此，這項天然資源值得珍惜，並可透過適當的安排，成爲原住民自己與休閒觀光人士所共享的絕佳處所。

---

[15] Cohen, E. (2002), *A Phenomenology of Tourist Experiences*. In Y. Apostolopoulos. 呂建政（2003），〈台灣原住民觀光產業的基礎課題〉，載洪泉湖編（2004），《2003年海峽兩岸少數民族文化傳承與休閒旅遊學術研討會論文集》，台北：師大書苑。頁 221-222。

2.生態解說：自然的地形、風景固然可以提供人們休憩、舒壓的功能，但原住民所居住的山區還蘊育著種類繁多的動植物。如果能透過深入的、專業的解說，不但可以增加訪客之知識，更可吸引他們多次重返，並增進他們對大自然的崇敬之心。

3.戶外冒險：如果在傾聽生態解說之餘，又能夠在周全的安排下，參加野外涉溪、狩獵、觀景、追蹤動物、攀岩等活動，則更可增加訪客的生活體驗。

4.社區部落景觀：相對於漢人而言，原住民的社會與文化可以算是一種「異族情趣的文化」，很容易引起漢人（乃至外國人）的興趣。而訪客進入原住民社區的第一景觀，自然是部落景觀。因此，如何整理、規劃、展現具有本民族特色的部落景觀，是相當重要的。

5.生活方式：所謂文化，也即是一種生活方式，那麼，原住民的日常生活方式為何？作息態度為何？人際互動為何？也是訪客有興趣的部分。透過民宿的安排，風味餐的享用，也可以進一步瞭解原住民的生活。

6.文化活動：這是休閒觀光者最感興趣的部分，因此，原住民如何將自己部落的歌舞、祭典、手工藝品、服飾等等，忠實而有計畫地展現出來，更是原住民文化產業的重點。例如邀請本族的藝術工作者駐站、培訓本族歌舞人才、手工藝品現場實作與教學、籌劃定期文化活動等均屬之。當然，這些活動或產品，必須具有獨特性、本地特色，而且力求創新，才能永續發展。

參、茶山部落的社區營造與文化產業

一、茶山部落的社區營造

(一)部落重建與社區營造

在過去一個世紀裡，由於統治臺灣的日本殖民政府以及後來的國民政府，都先後對原住民族採行同化政策，導致原住民族的文化大量流失。所幸自一九八〇年代以來，臺灣社會逐漸鬆動，多元文化主義（multi-culturalism）傳入，於是臺灣原住民也告覺醒，乃在眾多新興的社會運動之中，也開始提出「還我土地」、「正名」、「反吳鳳神話」、「反核廢料場」、「反國家公園」等等運動。

不過，在經歷了各項運動以後，原住民菁英反而受到部落原住民群眾的質疑，認爲他們只是躲在冷氣房裏構築自己文化美夢的既得利益者，其實並不瞭解原住民真正的問題與需求，他們與群眾之間其實已越離越遠。爲了回應這些質疑，原住民菁英乃發起「返鄉運動」和「部落重建」運動。

然而，返鄉之路是崎嶇的，返鄉的動機也許是高貴的，但返鄉之後呢？能否真正的、長期的定居下來？定居下來又要如何生活呢？返鄉究竟又能爲原鄉做些什麼呢？所謂的部落重建，究竟又要怎麼做呢？是恢復傳統部落嗎？還是重新打造部落？如果是前者，那究竟有何價值？如果是後者，那是否可行？凡此種種問題，其實都是不易回答的。

到了一九九〇年初期，臺灣興起一股「社區總體營造」的風潮，總算爲這些問題提供了答案。所謂「社區總體營造」，是指「社區

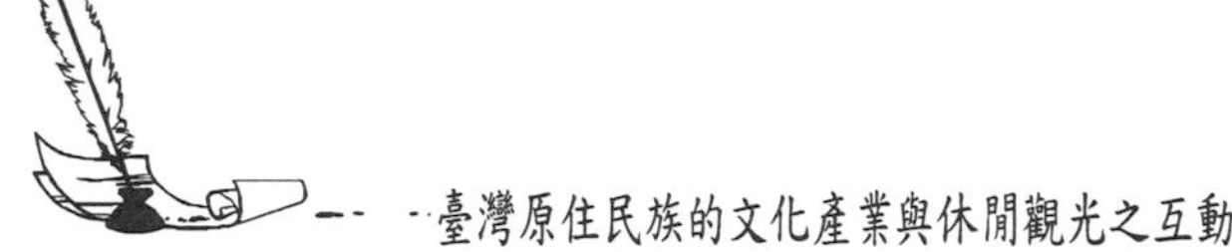

居民自動自發的參與，發揮創意，進行全方位的經營和管理，建立屬於自己社區的文化風貌。」[16]如果從「社區總體營造」的觀點來看，那麼，原住民菁英的返鄉，正可用社區總體營造的理念來重建部落，也就是說，原住民菁英可以啓發部落居民，自動自發地參與社區建設，共同討論如何改善社區環境，如何保存部落傳統文化，在取得共識後，並共同協力展開建設，待建設完成後，又共同經營此一社區。如此一來，不但部落得以重建，傳統文化得以宏揚，而且部落居民的生活也可以獲得改善，甚至創造了商機。

近十餘年來，原住民以社區總體營造方式進行部落重建而成功者，爲數頗多，其中比較著名的有：花蓮的太巴塱部落和馬太鞍部落、台東的布農部落屋和蘭嶼部落、嘉義的達娜伊谷、苗栗的南庄部落、屏東的三地門部落和霧台部落等等，都各具文化特色，也都能吸引不少遊客。[17]

(二)茶山部落環境簡析

茶山村位於嘉義縣阿里山鄉的最南端，曾文溪與其支流所交會而成的河階臺地上，北邊是山美村的達娜伊谷和新美村，南邊是高雄縣三民鄉，西接大埔及曾文水庫，東側爲大片深山。整個茶山面積約 2,500 公頃，其中原住民保留地約有 930 公頃，國有林班地約有 700 公頃。[18]由於該地

---

16 行政院文化建設委員會（1998），《文化白皮書》。台北：行政院文建會。

17 洪泉湖（2003），〈全球化與台灣原住民族文化的傳承與發展〉，《載台灣師大公民訓學報》第十四輯。頁 37 53。仰山文教基金會茶土編（1997），《1997 全國社區總體營造博覽會紀事》。宜蘭：宜蘭縣立文化中心。

18 張仲良（2000），《台灣農村聚落建設中推動居民參與之研究——以嘉義縣阿里山鄉茶山村原住民部落景觀工程爲例》，台北：台灣大學農業工程學研究所碩士論文。

屬阿里山鄉最大的平原，故有“Cayama”（意即平原）之稱。寬大的空間，使得部落內的建築物周邊有較大的發揮空間，這是比較優勢的條件。

由於氣候溫濕，使得茶山居民興建了涼亭，以供避雨、乘涼、聊天、編織、餐飲之用，因此，是族人同甘共苦、分享食物的場所，因而本地的鄒族人將茅草之涼亭稱爲“hu fu”（或“ho fu”），即是「分享」之意。

茶山村位於曾文溪水源保護區內，保護政策固然限制了聚落的發展，卻也保存了自然資源與景觀。本區內地形變化豐富，有高山、平原、深谷、溪流等，自然景觀則有水火同源、蝙蝠洞、鐘乳石洞及原始森林等。在野生動物方面，有山豬、山羌、猴、飛鼠、螢火蟲、樹蛙和各種鳥類，生態景觀極爲豐富，是發展觀光的良好條件。至於農作物，則有茶葉、山茶油、竹筍、香稻米等等。

本地主要族群爲鄒族，人口約占全村的60%；其次爲漢族，占30%；再次爲布農族，占 10%。各族相處，大體融洽。鄒族原有慶典如馬雅斯比祭等，但須至大社如達邦舉行，茶山只是小社，只能派人前往參加，村內並無相對活動。村民日常生活樸素，日出而作，日入而息。大多數村民會彈吉他，頗具音樂天份，常見村民三三兩兩在涼亭下喝酒彈唱，一派悠閒。每遇節慶，居民常會穿原住民傳統服裝，載歌載舞，這種悠閒、歡樂、歌舞以及民宿「家的感覺」，是吸引遊客的部落特色。

(三)茶山部落社區營造的經過

茶山村的社區總體營造，應可溯自行政院農委會一九九八年度的「農村實質環境細部規則檢討計畫期末報告」。在此之前，部落居民對於社區施工大多以營利爲目的且施工過程缺乏對部落土地與居民的尊重，向來感到無奈、抱怨與不信任。不過，近鄰山美村發展成功的「達娜伊谷」生態公園，每個月所帶來六千人次的觀光收益，又讓村民受到極大的刺

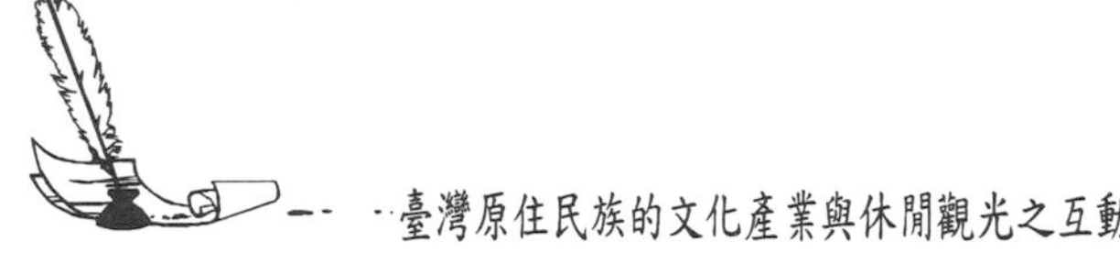

激，乃開始思考如何發展觀光，以創造部落之生機。[19]

從一九九九年起，茶山部落在村長李玉燕女士的帶領下，結合了全體村民，以及外來學者、專家的協助，開始進行社區總體營造工作。由於茶山具有多變的山川地形、豐富的自然資源，以及原住民文化藝術，因此，李村長乃以「部落公園化」爲目標，透過當地教會等力量，動員村民參與建設。到了二〇〇〇年十一月廿四日正式舉辦「涼亭節」活動，整個社區營造大體上才算初步完成。

茶山部落的社區總體營造，其過程大體上可以分成下列數個階段[20]：

1. **了解村民需求**：由台大農業工程學研究所研究生等以問卷討論的方式，了解村民的需求，結果發現村民所得偏低，對於發展經濟有較高的意願，且認爲涼亭有生活上的功能，值得興建，甚至也有不少人覺得恢復部落傳統文化是很重要的。
2. **激發參與動機**：由村長、教會、研究者透過各種方式激發村民之參與動機，例如教會之宣導、營造方式可以公開討論、營造經費做到公平清楚、營造工程讓居民參與發揮等。
3. **凝聚參與力量**：社區經過公開討論後，把營造目標訂爲「原住民文化藝術資源結合自然景觀而成的公園」，然後透過教會、新風貌推動組織等的運作，把社區菁英動員起來，甚至連每一個家庭也都投入了營造工作（例如每戶依設計規範興建涼亭）。
4. **運用外力推動**：包括組團參觀南投「雙龍部落」之營造經驗，邀請外地的原住民雕刻家及嘉義師院教授前來協助，邀請記者來訪並予報導，邀請建築師前來指導等等。

---

19 山美社區（達娜伊谷）發展協會，檢自：
http://www.ncatw.org.tw/pca-page/300/302.htm.

20 同註 18。

5.**運用居民資源**：包括訪問村內老人，討論傳統住屋型式、石雕模式、傳統服飾等，並請求居民各戶認養公共設施等。

6.**參與行銷**：當社區營造完成時，鼓勵全體村民參與行銷工作，也即以大型「涼亭節」的方式，把涼亭、部落景觀、手工藝品、服飾、民宿、風味餐、歌舞晚會、土特農林產品乃至自然景觀等等，全面向休閒觀光人士公開。

7.**持續經營**：由村民成立社區發展協會和珈雅瑪文化工作室，做爲持續推動社區發展的單位，並舉辦原住民藝術育樂營、木雕研習營等活動，以培養新一代的藝術文化人才。此外，在漢人許益源之協助下，發動掃街活動，全村定期共同維護社區整潔，又成立「生態公園」，訓練解說員，使遊客有豐富的旅遊休閒項目，期能使社區得以永續經營。

二、茶山部落的文化產業內涵

爲了解茶山部落的文化產業內涵，本文作者曾與博士班研究生陳世昌連袂親赴茶山村，進行實地考察，並訪問李玉燕村長。綜觀茶山社區總體營造所展現出來的文化產業，具有以下多種內涵：

1.**涼亭與涼亭節**：茶山村民認爲涼亭代表「分享」，是他們至高的價值，因此廣建涼亭數十座，平常做爲村民遮陽避雨、工作、休息、聊天、彈唱的地方；遇有活動，則可以成爲表演、展示、售物之場所。每年十一月下旬，茶山舉辦「涼亭節」活動，鄒族人會舉辦小米祭，布農族人也會參與歌舞活動，甚至漢人也會參加各種社區活動，全村對於訪客都會以感謝的心情來接待，鄒族人沒有「謝謝您」

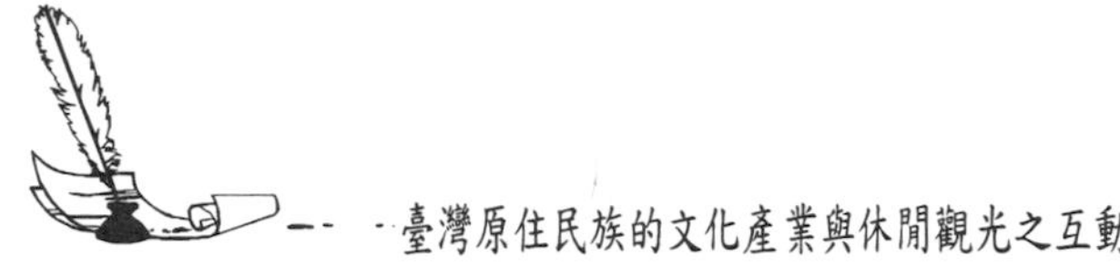

這句話，他們都用"a veo veo yu"（我心喜悅）來表達謝意！[21]

2.**部落景觀**：走入茶山村，給人的第一印象是美麗而整潔，除了隨處可見的涼亭，社區街道兩旁也設置了許多原住民圖騰和木雕藝術品，加上扶疏的花草樹木，使得整個社區充滿了藝術氣息和美感。根據李村長回憶，這是村民在討論出共識後，一家家都把水泥屋敲掉，並以傳統建築的方式重蓋房舍，並加上藝術品裝飾而成的。民宿也是這樣，大家各自依傳統建屋型式重建。

3.**手工藝品**：除了珈雅瑪文化工作室，社區內還有若干手工藝工作室，裡面展出不少手工藝品，假日也有示範教學。而一些咖啡店的出現，使得整個社區更具浪漫的休閒氣氛。當然，整體而言，村內的手工藝品展售規模、數量都還不夠，李村長也表示需要一步一步來，將來也打算邀請更多外地的鄒族、布農族手工藝專家來此駐站，以帶動全村的文化藝術氣息。

4.**歌舞表演**：李村長表示，茶山雖然擁有傳統歌舞隊，但其歌舞表演側重在展示其生活方式，並不在強調專業性，因此，其歌舞晚會並不收費。不過，根據本文研究者之實地觀察，事實上他們的歌舞已具一定之水準，並曾發行「珈雅之歌」專集。

5.**生態公園**：茶山的地形多變，因此擁有鐘乳石洞、水火同源、夜光砂、荻哥亞瀑布和大石壁等天然景觀；在野生動物方面，則有石斑魚、鯝魚、蝦、蟹、樹蛙、蝴蝶、青蜓、蜂、螢火蟲、山豬、山羊、山鹿、穿山甲等等。為此，他們特別規劃成立了「生態公園」，配置專業的解說員，使觀光客能得到知性與感性的饗宴。為了持續性的經營，社區更將自然資源加以規劃，例如春季以賞花、賞鳥為主，夏季可以採果、溯溪、滑水、賞蝶，秋季可以採竹筍和秋茶、涉溪、採香芋、賞飛鼠，而冬季則掘冬筍、賞櫻、採冬茶、賞蝶、賞飛鼠

---

[21] http://www.ttvs.cy.edu.tw。

等，一年四季都有不同的觀光休閒活動。[22]

6.**生活方式**：根據李村長的說明，茶山村的營造，主要目的還是要給村民一個很舒暢的生活環境，將來可以養老，同時把以前美好的社會恢復起來，把原住民強調和諧、人與自然共存的觀念傳承下去，所以它並不刻意地展出舞臺式的歌舞或神壇式的祭典，它寧願忠實地呈現原住民的生活真貌。它並未在村落入口處設收費站，訪客入村後，也可以很輕鬆地參觀村民住宅，甚至入內與居民聊天（當然，不開放者除外）。禮拜天早上，除了組織團體參訪生態公園等外，村民已不太做生意，而是聚集在教堂做禮拜，完全呈現真實的生活方式。

7.**傳說故事**：茶山村的傳說，比較知名至少有兩則：一則是原先居住於此的達故布亞努族中，有高大強壯的男子，因愛上頭目美麗而多情的妻子，結果兩人雙雙被頭目所殺，導致族人的對立，相約在達故布亞努溪決鬥，結果鮮血染紅了溪水，族人從此相繼死亡，終至滅族。至今每逢秋天的紅楓，仍舊訴說著這段淒美的故事。另一則是年輕貌美的鄒族少女「白芷」和英俊瀟灑的布農族少年「阿拜」相戀，但由於雙方家長均已爲他們另選了結婚對象，白芷只好遠嫁他鄉，阿拜也被迫結婚，但心中仍思戀著他的心上人。至今茶山村的木雕中，村民們會把兩人的雕像放在道路的兩旁，讓他們相互對看，但「爲了各自的家庭幸福」，他們卻永遠無法在一起。這些淒美的傳說，更增添了茶山的神秘美感。[23]

8.**農特產品**：在嘉義大學農學院教授師生之協助下，茶山已開發出許多農特產品，包括苦茶油、香稻米、竹筒飯、烤山豬肉、烤魚、野菜、愛玉子、香芋頭、生薑、百香瓜、有機茶葉、玉米、竹筍、李子、梅子、木薯糕、小米酒等，可以滿足觀光客之所需，同時也增

---

[22] http://myweb.hinet.net/homel/basuya/tour.htm。

[23] http://www.chses.cyc.edu.tw/chsesvallege.htm。

加村民的收入。[24]

肆、茶山部落的文化產業與休閒觀光

有許多學者認爲，傳統文化或民族文化如果因開放觀光而成爲一種消費性商品，將使其變得庸俗化，而失去文化的尊嚴，因此對「文化觀光」採取悲觀甚至排斥的態度。[25]不過，也有不少學者認爲，文化產業的發展，除了可以使少數民族或偏遠社區獲得實質的經濟利益外，也可以因休閒觀光活動而保存了這些文化遺產，甚至因而強化了少數族群的自我認同。[26]

原住民族的傳統文化是否應開放給主流社會休閒觀光？也面臨了兩難的困境：如果不開放，那麼原住民部落將依舊貧窮落後，而傳統文化也可能因而無法維護，終至沒落；如果開放，則又擔心休閒觀光會帶來主流文化的價値觀與行爲模式，帶來文化的商品化、庸俗化，最後雖改善了經濟，卻也異化了文化。不過，如果能針對休閒觀光的開放方式有所規劃，也許後果就不一定如此悲觀。顯然，茶山村的居民相信了這一點。

[24] http://myweb.hinet.net/home1/basuya/tour.htm。

[25] 如 Kadt, Perez, Cleverdon, McIntosh 和 Geoldner 等人屬之，參閱魏正元等（1999），〈文化經營：台灣原住民文化展現分類之探討〉，《中山管理評論》第七卷第四期。

[26] 如 Cowan、謝世忠等人屬之，參閱魏正元等，前揭文。

一、民族文化與「異族觀光」

由於多元文化主義（multi-culturalism）的興起，世界各地普遍開始強調在地本土文化的重要性，認爲尊重本土文化、肯認異族文化才是公平正義的，才能使整個世界建構出更爲豐富多彩的文明。[27]而全球化（globalization）風潮的出現，亦激起了一股「反全球化」的呼聲，主張要抗拒全球強勢文化的侵襲，而發展在地本土文化。[28]在這種種風潮之下，民族傳統文化和少數民族文化反而成了倍受重視的文化資源。

基於這樣的趨勢，晚近的休閒觀光活動也紛紛走向民族風尙的品味，例如印尼的峇里島除了風光明媚、景色怡人，它的休閒服務也堪稱周到體貼，尤其它的傳統繪畫、雕刻、紡織、手工藝品等，更令旅客驚豔。泰國的曼谷和清邁，除了自然景觀，也強調它的傳統文化、工藝建築。這些深具傳統特色的文化內涵，往往是最能吸引觀光客的。[29]

那麼，臺灣的原住民地區，是否也具有相當的觀光資源呢？衆所周知，原住民所居住的地區，通常都是高山地區，不但擁有優美的風景、豐富的自然資源，而且原住民部落與文化，更具有「異族觀光」的魅力。所謂「異族觀光」，是指「以被觀光地區的居民及其工藝品之『異文化情

---

[27] J. L. Kincheloe & S. R. Steinberg (1997), *Chaging Multiculturalism*. Philadelphia: Open University Press. T. E. Hill (2000), *Respect, pluralism, and Justice*. New York: Oxford University Press Inc.

[28] A. Hülsemeyer ed. (2003), *Globalization in the Twenty-First Century*. New York: Palgrave Macmillan Ltd. R. J. (1998) *Globalization and the Nation-State*. New York: Palgrave Publishers Ltd..

[29] 馮久玲（2002），《文化是好生意》，台北：城邦文化。

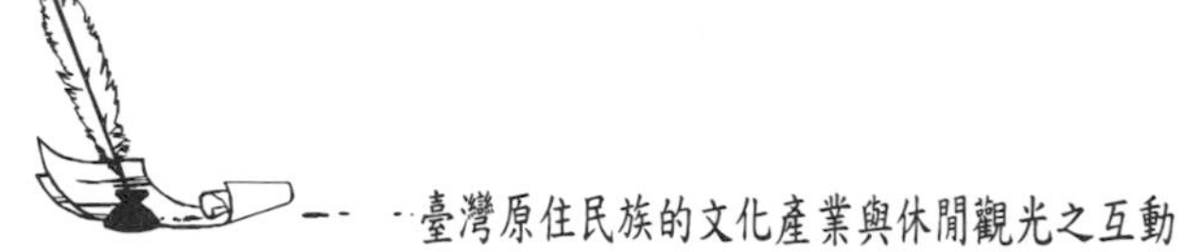

調』（cultural exoticism）特性爲吸引觀光客之主要策略的活動」[30]也就是說，由於原住民族的部落社會、文化內涵與漢族大異其趣，因而對漢族觀光客言，具有一種稀奇、驚豔的效果，而急欲透過觀看而瞭解其真實性。

因此，就茶山部落而言，如果開放觀光，那麼觀光客進入茶山後，就可以觀賞到鄒族和布農族的涼亭、手工藝品、木雕、石雕、乃至歌舞等等。反過來說，茶山居民爲了滿足觀光客的需求，也可能會不斷創新產品，改良活動方式。不過，需特別注意的是，不能爲了迎合觀光客的要求，而任意改變產品風格，甚至大量複製、包裝，否則就會異化成「文化工業」產品了。

二、茶山部落對休閒觀光的發展策略

有的學者將觀光休閒產業的發展策略，分爲三類：一是類型定位，即該產業究竟提供何種產品，以區隔市場；二是需求定位，即該產業所要爭取的服務物件是誰？如何服務才最受歡迎？三是該產業有何種行銷通路，以擴大客源，或進行文化交流，以刺激文化創新。[31]

如果依這項分類方式，則茶山部落對休閒觀光的發展策略可分爲下列兩方面來說明：

---

[30] 謝世忠（1994），《山胞觀光：當代山地文化展現的人類學詮釋》，台北：自立晚報。Van Den Berghe and Keyes (1984), "Introduction: Tourism and Re-Created Ethnicity.", *Annals of Tourism Research*. 11: 343-352。

[31] 陳朝興（1998），〈原住民產業發展策略與社區總體營造〉，台北：原住民文化與觀光休閒發展研討會論文。

(一)在文化產品方面

茶山部落的地形地貌、自然資源和農特產品等固然很多，但根據李村長的訪談，可以歸納出當初茶山部落從事社區總體營造時，所強調的文化產品乃著重在下列各項：

1. **「分享」的價值**：原住民族強調「分享」的價值，例如狩獵回來，即將獵物分享給族人；無論建設家園或播種收割，也習慣由族人相互幫忙。茶山部落保存了這種高尚的「價值」，形成「涼亭文化」，值得向強調「競爭」的漢族推介。
2. **生活方式的體驗**：茶山部落不設門柵收費，觀光客可直接進入社區，體驗居民悠閒自得、歡樂融洽的生活方式。社區裡，家家戶戶整潔美觀，雖有若干店面，居民都不是那麼急著兜售生意，尤其一遇禮拜天，上教堂似乎比做生意更重要。還有，部落公約的訂定，也使得社區的永續發展，有所保障。這些生活方式，跟漢人是大不相同的。
3. **藝術的欣賞**：茶山的鄒族與布農族，或長於木雕、石雕，或擅於歌舞，總是能把茶山部落點綴得相當具有藝術氣質，珈雅瑪文化工作室和安啓信、安柏霖、安淑萍等藝術工作者的創作、展示與教學，更是活生生的藝術體驗。
4. **生態環境**：豐富的生態資源似乎是上帝賜給茶山居民的恩典，因此，茶山居民不但得以開發出多種農特產品，更得以規劃成立「生態公園」，不但可觀賞瀑布，體驗溯溪與滑水的樂趣，更可在不同的季節裡，觀賞各種花卉、鳥類、魚群、螢火蟲、飛鼠、樹蛙等等，令觀光客覺得趣味無窮。

因此，茶山部落的規模雖然不大，但它擁有豐富的地形地貌和野生動植物，如果再搭配上部落社區景觀、文化藝術工作室、咖啡館、

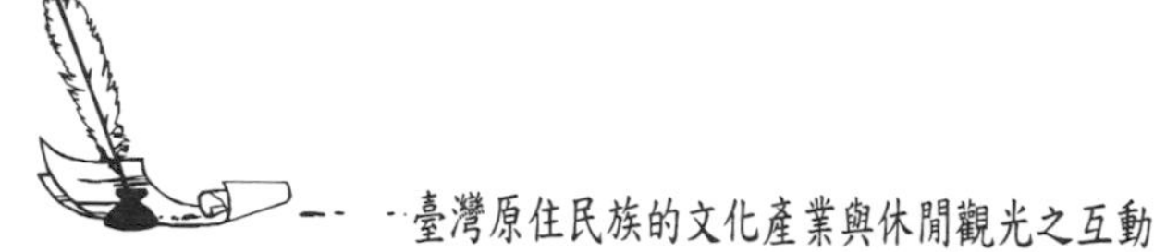

涼亭和雕塑，以及具有部落風格的民宅民宿等，則亦構成一個相當具有民族文化特色的「異族觀光」點。

(二)在經營作為方面

根據李村長的說明，茶山部落在觀光休閒的經營上，採取下列的策略：

1. **策略聯盟式的經營**：根據李玉燕村長的說明，當初社區營造完成時，居民的共識是採取「策略聯盟」的做法，例如有人做民宿，有人開餐廳，有人當解說員，有人參加歌舞晚會，有人參加樂團，有人設藝術工作坊，有人經營手工藝品店等等，大家共有客源、分享利潤，同時以知性和感性兼顧的方式，來豐富遊客的休閒品味。不過，後來因個人之間的競爭關係，策略聯盟開始受到挑戰，這點讓李村長甚表憂心。
2. **絕對後台式的展現**：魏正元等人以「涉入程度」和「傳真程度」兩項指標建構出四種文化展現之類型（表 6-1）[32]。如果按照這一分類，那麼茶山部落的文化展現大體上屬於絕對後臺，因爲觀光客欲欣賞茶山鄒族和布農族的文化，須真正走入茶山村，也即茶山居民的真正生活空間，而且它所展現給世人的，是居民真正的生活現實。
3. **慎選客源與優質服務**：據李村長表示，茶山部落並不太做大量的廣告行銷，也不接遊覽車，主要是怕大量的遊客會破壞休閒旅遊之品質。因此，他們比較歡迎生態旅遊協會或社區發展協會之類的民間

---

[32] 所謂「涉入程度」，是指觀眾欲欣賞此文化展現，需要走入眞實後場的程度；所謂「傳眞程度」，是指爲文化展現提供的空間，其眞實性程度。

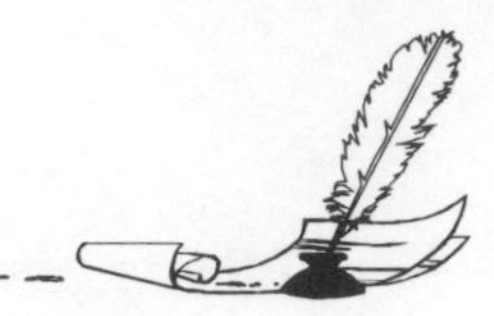

表 6-1　文化觀光的文化展現類型

		傳真程度	
		高	低
涉入程度	高	絕對後臺 （部落深入型） 如：蘭嶼	後臺前臺化 （部落企業型） 如：布農部落屋
	低	前臺後臺化 （博物館型） 如：九族文化村	絕對前臺 （國家劇院型） 如：原舞者

資料來源：魏正元等（1999），《文化經營：臺灣原住民文化展現分類之探討》，《中山管理評論》，第 7 卷，第 4 期，頁 1075-1113。

社團推介客源，或接受比較優質的旅行社帶團進來，如果是自行前往，則必須事先預約，接待單位也會稍做過濾，才能答允其進入。換句話說，茶山部落觀光的需求定位是以吸引小型團體為主（個人原則上不歡迎），不過，來訪者必須懂得休閒生活，喜歡瞭解並懂得尊重原住民文化者，或關心生態環保、社區營造者為佳。如此，社區的接待人員才能深入地為訪客解說原住民的藝術文化。如果是機關團體的大型旅遊，因湊熱鬧的心態居多，就比較不歡迎了！

4.精緻解說與歌舞教學：觀光客要進入生態公園之前，先要登記，出發時則有專業的解說人員隨團解說，使觀光客能更深入地瞭解當地的地形地貌和生物的多樣性，並確保觀光安全。在歌舞晚會中，除了表演，還有專人負責解說，並邀請來賓下場一起學習舞蹈，一起跳舞。

5.強調生活方式的原貌：李村長強調，本村社區總體營造後開放觀光，當然希望吸引觀光客前來參訪，但也不願平時的生活被干擾。因此，村民較希望觀光客於星期假日前往，這樣村民在周一到周五仍可正常作息。而他們所想呈現給遊客的重點，並不是熱鬧的歌舞表演，而是悠閒、樸素、和諧、自得的生活方式。

至於通路定位方面，茶山部落並不太主動製作廣告、網頁等以加強行銷，而是靠來過的人口碑相傳，主要的用意也即在避免觀光客的「一窩蜂」現象，以免在熱潮之中帶來破壞和污染，熱潮退後客源又無以為繼。不過，在加強與外界之文化交流方面，茶山部落就顯得比較積極，像李村長等幹部就多次出國演出，也在國內屢與各族藝術文化團體相互觀摩以求教學相長！

三、開放休閒觀光對茶山原住民的影響

茶山部落開放觀光，至今不過只有短短數年，它究竟對茶山原住民的日常生活與傳統文化會產生什麼影響，似乎還沒有到達評估之時。不過，從這幾年經營的大致情形來看，也可以指出下列數點影響：

(一)在正面的影響方面

1.經濟收益的增加：由於茶山不同於山美達娜伊谷，它並沒有統一收費大門，遊客可直接進入村內，投宿各家民宿及用餐，參加生態公園之旅也是另行收費，因此很難統計出它年收益多少？不過，它的遊客量每個月應有千人以上，住宿、用餐、喝咖啡及飲料、遊園、購買手工藝品及土特產品等等之收入，應不在少數。至少，開放觀光創造了不少工作機會。

2.文化的傳承與傳播：由於觀光的需求，村民努力創作傳統手工藝品、編織、雕刻品，甚至邀請知名的民族技藝工作者駐站，一面從事創作，一面也可教學，如此不但保存了傳統技藝，同時也可以透

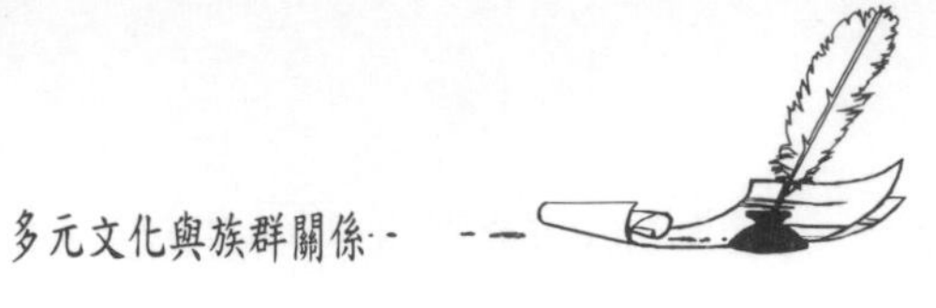

過觀光客把文化向外傳播。

(二)在負面的影響方面

1.**生態環境的威脅**：前茶山部落因爲採取「小眾旅遊」的方式，所以觀光對生態環境的破壞並不顯著。但在村落內已可看見幾棟鋼筋水泥樓房的興建，雖然在外觀上裝飾了若干原住民的圖騰或色調，但仍覺不太搭調。爾後此類建築是否管制？恐需認真思考。此外，有些民宿業者爲了討好遊客，而放任他們唱歌（卡拉 OK）至深夜，妨害了社區之安寧，這點似乎也違反了當初的約定。

2.**文化的衝突**：由於茶山係採絕對後台式的展現方式，所以居民的現實生活比較容易受到干擾，尤其當地居民難免有「被看」的感覺。雖然，歡迎訪客的店家、手工藝品店、展示館乃至示範民宅等均掛有標示牌，但許多民眾仍會誤闖不開放的民宅，造成尷尬，此點實有待改善。尤其隨著觀光客的不斷來臨，茶山的手工藝品、歌舞節目乃至居民的特質會不會趨向庸俗化、制式化、標本化？是值得關切的問題。[33]

3.**社區意識的考驗**：在社區總體營造之初，村民凝聚了許多經管理念方面的共識，但隨著觀光客的增加，利之所在，開始有人只顧自己的生意，不管當初「策略聯盟、利益分享」的那套理念，造成村民間之嫌隙。也有一些人開始不顧部落公約，隨意堆置雜物，或不願參加社區打掃，不願整理人行步道，不願參加「生態公園」之經營等等，此點值得憂慮。

---

[33] 參閱劉可強、王應棠（1998），〈觀光產業對原住民文化的衝突與對策芻議——區自主的觀點〉，台北：原住民文化與觀光休閒發展研討會論文。

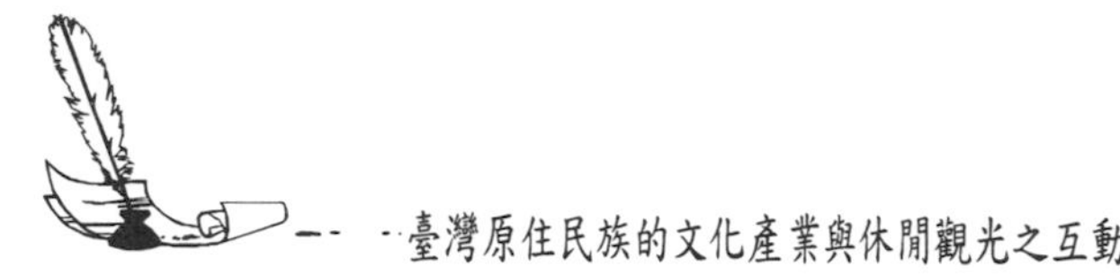

伍、結論：檢討與展望

茶山部落的社區營造與文化產業發展，究竟是否成功？它與休閒觀光的連結又如何？有無值得改進之處？吾人認爲它基本上是成功的，這至少表現在以下幾個方面：(1)它透過社區總體營造的精神，經由村民的共同討論，而決定「要營造」、「如何營造」和「營造什麼」等等公共事務，並且共同參與營造工程；(2)茶山社區景觀整潔、美麗，且具有原住民裝置藝術，相當有特色；(3)涼亭和涼亭節己成爲全台知名的年度盛會；(4)茶山的自然環境，至目前爲止，沒有遭受到破壞，而它豐富的地形地貌，頗具休閒活動功能；(5)生態公園內豐富的動植物及農持產品，使得茶山具有四季變化之特色，有利於全年的營運，而接待單位安排的涉溪、打獵、賞樹蛙、賞螢火蟲等戶外活動，對平地人而言，頗具吸引力；(6)它強調絕對後台式的文化展現方式，又堅持彰顯村民悠閒、樸素、和諧、自在的生活方式，對於客源又主張要篩選，在在顯示它在營運上的自主性或主體性；(7)它的解說員是經過教育訓練的，具有專業能力；(8)它沒有大型停車場、餐廳、表演場，但小型的建屋、表演場等確頗具親和力；(9)至目前爲止，它也沒有大量複製商品，甚至反對大量的包裝、行銷，反而強調小眾優質旅遊，這符合文化產業的精神。

至於茶山的文化產業，所能提供的休閒觀光功能如何？我們可從文化產業的各項特性與柯漢所提的五種休閒模式間的關聯（參見表 6-2），即可發現茶山的文化產業具有多種休閒觀光的功能，彼此間的關係甚爲密切。

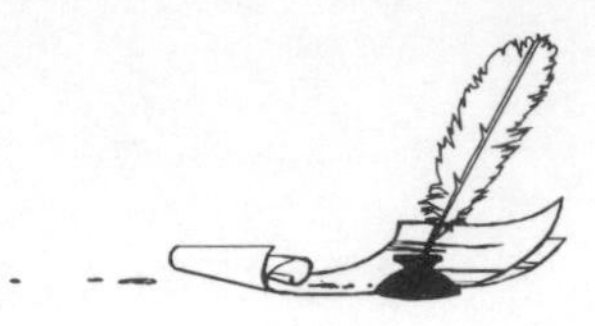

表 6-2　部落文化產業與休閒觀光之關聯

		休閒觀光模式				
		休閒模式	逃避模式	經驗模式	實驗模式	存在模式
文化產業特性	品味與美感	部落光觀	部落光觀	部落景觀	部落景觀及藝術品	藝術育樂營、木雕研習營
	自主性、地方特色	風味餐	農特產品、風味餐	涼亭節、部落景觀	歌舞表演、涼亭節與「分享」	農特產品產銷
	創意與想像力	部落咖啡屋	部落咖啡屋	涼亭節、手工藝品	傳說故事、手工藝品	手工藝品DIY、藝術育樂營、木雕研習營
	小型、精緻	部落景觀	部落景觀	部落景觀、手工藝品	手工藝品教學	手工藝品DIY
	生活的、真實的	原住民生活方式、民宿	原住民生活方式、民宿	涼亭節、部落景觀、歌舞表演	歌舞表演	戶外冒險
	尊重環境	自然環境	自然環境	自然環境	生態公園解說	生態公園體驗
	適度包裝與行銷			涼亭節、部落景觀、農特產品	涼亭節、部落景觀、農特產品	

資料來源：本表由本研究者自行整理製成。

不過，茶山部落的文化產業，當然也面臨了若干問題，需要加以改善，這些問題包括：

1. **手工藝品的創作方面**：目前茶山部落的手工藝品還在起步階段，數量有限，作品也較簡單，未來似乎可以多邀請外地鄒族、布農族手工藝師傅駐站，一方面從事現場演示，一方面也可長期性地從事教

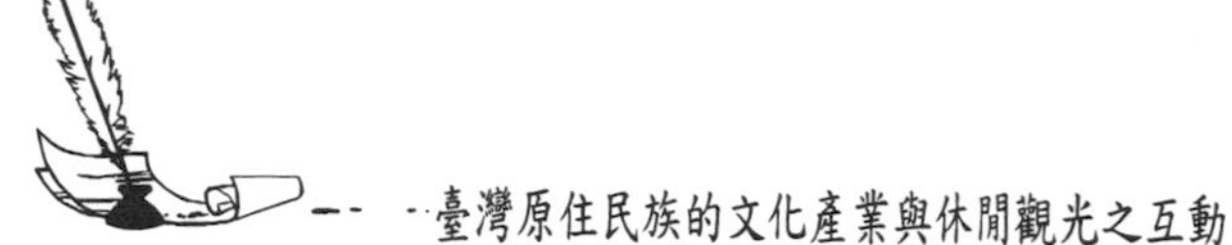

學，傳授技藝。如果作品能像南投雙龍社區一樣，令人在看完之後感動不已，才是真正有生命的手工藝精品，如果雕塑品能以茶山那兩則淒美的愛情故事爲主軸來創作，應更具感動性。

2.**文化產品的展銷方面**：手工藝品的展示、銷售，固然是文化產業的一部分，也是藝師收入的來源，不過，如果能現場示範做法，並鼓勵遊客自己動手做（DIY），則更具學習價值。其他如竹筒飯、割筍、醃製梅子、釀造小米酒、洗愛玉子等等有關農特產品的製作方面，也可以 DIY，以增加戶外活動體驗。

3.**歌舞教學方面**：原住民的歌舞，頗具特色，而原住民也大多擅長歌舞，所以在晚會中應加強歌舞節目的精彩性，並認真實施教唱教跳，如果可能，甚至可在某些涼亭設置歌舞教學站，使更多的遊客可以接觸到原住民歌舞。

4.**在遊客心態方面**：由於可能有很多遊客其實不懂原住民文化，因此在進村之前，可以仿照美國印第安部落的方式，舉行一種「過渡儀式」（類似行前講習），讓遊客瞭解部落位置、景觀、歷史、人口、語言、生活概況、民俗、道德規範、禁忌等等，以免遊客因不了解而冒犯了當地居民，進而營造尊重原住民文化的態度。[34]

5.**農特產品的精緻化**：目前茶山已有許多農特產品，如果在品質和包裝上再加以講究，甚至與當地的文化、圖騰、故事、人物等相結合，應更能增加銷售力。

6.**策略聯盟方面**：目前茶山的策略聯盟似有鬆垮之傾向，令人擔憂。如果任由個人惡競爭，整個文化產業將可能完全淪爲商業競爭，利之所在，將使競爭者不顧所謂文化特色、自主性，完全屈從市場需求。但未來究竟怎麼辦？值得專家進一步加以研究。

---

[34] 參閱紀駿傑（1998），〈從觀光原住民到原住民自主的觀光〉，台北：原住民文化與觀光休閒研討論文。

7.**收費方面**：茶山部落目前是不收「入場費」或「門票」的，這點與達娜伊谷完全不同。不收費的結果，社區發展協會就成立不了基金，也就無法進行公共建設、維修既有設施，也難以對村民提供回饋和福利，如此則無法對村民形成拘束力。這對整個部落未來的永續經營而言，實爲一大隱憂。但是否考慮學習達娜伊谷統收統支入場費的方式？仍有待茶山村民的決定。

8.**整體規劃的問題**：目前茶山部落，主街之景觀固然很美麗，但諸如停車場，遊客服務中心、標示牌、公共廁所、手工藝品展銷點等公共設施仍未完備，恐有待村民之努力。村內雖有三、數家餐廳，但菜色應可再求精緻，衛生也應講求。在遊園車輛方面，既嫌老舊，亦欠安全（由貨車改裝），這些都還有改善空間。

9.**紀念品製作方面**：目前似乎比較缺乏，未來似可請藝術家設計帶有部落特色的徽章、T 恤、帽子、領巾、小刀、酒杯、文具、明信片、風景照、歌謠 CD、刺繡畫、陶藝、木雕等等產品、以增加遊客興趣及村民收入。

10.**部落公約方面**：據李村長表示，部落公約訂得很早，內容有些已不合時宜，但目前要召開村民大會加以修改，恐有困難，因爲村民不覺得有必要。可是大家如果都不重視此一公約，那麼很多社區公共事務將很難展開。這究竟怎麼辦？也有待村民之抉擇。

參考書目

一、中文部分

行政院文化建設委員會（1998），《文化白皮書》，臺北：行政院文建會。

米甘幹．理佛克（2003），《原住民文化欣賞》，臺北：五南圖書公司。

仰山文教基金會等編（1997），《1997 全國社區總體營造博覽會紀事》，宜蘭：宜蘭縣立文化中心。

花建（2003），《文化＋創意＝財富》，臺北：帝國文化公司。

李瑛（2000），〈從原住民自決理念評析臺灣原住民社區營造之推展——美國印地安與東臺灣原住民經驗的對照觀察〉，《原住民教育季刊》第二十期。

呂建政（2003），〈台灣原住民觀光產業的基礎課題〉，載洪泉湖主編《2003 年海峽兩岸少數民族文化傳承與休閒旅遊學術研討會論文集》，台北：師大書苑。

金耀基（1985），《從傳統到現代》，臺北：時報文化出版公司。

俞智敏譯（1998），C. Jenks 著，《文化》，台北：巨流圖書公司。

紀駿傑（1998），〈從觀光原住民到原住民自主的觀光〉，臺北：原住民文化與觀光休閒發展研討會論文。

洪泉湖（2003），〈全球化與臺灣原住民族文化的傳承與發展〉，《公民訓育學報》第十四輯。

韋政通（1980），《中國文化概論》，臺北：水牛出版社。

馬答拉拉柏‧開努安（1998），〈魯凱族好茶村文化觀光與社區發展〉，臺北：原住民文化與觀光休閒發展研討會論文。

高曼娜、王進欽（2002），〈遊客對解說媒體滿意度之研究——以阿里山茶山村為例〉，臺北：觀光休閒暨餐旅產業永續經營學術研討會論文。

陳奇祿（1994），《文化與生活》，臺北：允晨文化實業公司。

陳學明（1996），《文化工業》，臺北：揚智文化公司。

陳朝興（1998），〈原住民休閒產業發展策略與社區總體營造〉，臺北：原住民文化與觀光休閒發展研討會論文。

陳其南（1998），《文化產業與原住民部落振興》，臺北：原住民文化與觀光休閒發展研討會論文。

陳其南（1996），《文化產業發展與社區總體營造》，臺北：臺灣原住民文化藝術傳承與發展系列座談實錄報告書。

曾淑正主編（2004），《文化臺灣——新世紀‧新容顏》，臺北：行政院文建會。

馮久玲（2002），《文化是好生意》，臺北：城邦文化公司。

張仲良（2000），《臺灣農村聚落建設中推動居民參與之研究——以嘉義縣阿里山鄉茶山村原住民部落景觀工程為例》，臺北：國立臺灣大學農業工程學研究所碩士論文。

葉智魁（2002），〈發展的迷思與危機——文化產業與契機〉，《哲學雜誌》第三十八期。

蔡文輝（1993），《社會學》，臺北：三民書局。

蔡明如（2004），《解構文化產業》，高雄：春暉出版社。

魏正元、遊景德、蔡裕源（1999），〈文化經營：臺灣原住民文化展現分類之探討〉，《山中管理評論》第七卷第四期。

謝世忠（1994）《山胞觀光：當代山地文化展現的人類學詮釋》，臺北：自立晚報社。

劉可強、王應棠（1998），〈觀光產業對原住民文化的衝擊與對策芻議——社區自主的觀點〉，臺北：原住民文化與觀光休閒發展研討會論文。

二、英文部分

Hill, T. E. (2000), *Respect, Pluralism, and Justice*. New York: Oxford University Press Inc.

Holton, R. J. (1998), *Globalization and the Nation-State*. New York: Palgrave Publishers Ltd.

Hülsemeyer, A. ed. (2003), *Globalization in the Twenty-First Century.* New York: Palgrave MacMillan Ltd.

Kincheloe, J. L. & Steinberg, S. R. (1997). *Changing Multiculturalism.* Philadelphia: Open University Press.

Van Den Berghe and Keyes (1984). "Introduction: Tourism and Re-Created Ethnicity", *Annals of Tourism Research.*

三、網路部分

http://www.ttvs.cy.edu.tw。

http://myweb.hinet.net/homel/basuya/tour.htm.

http://www.chses.cyc.edu.tw/chses vallege.htm.

http://www.ncatw.org.tw/pca-page/300/302.htm.

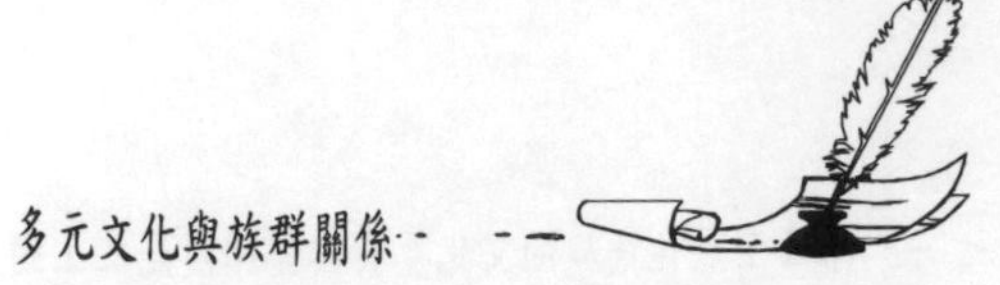

客家社團網絡與功能之分析——以桃園縣鍾姓宗親會爲例

鍾國允*

壹、前言

貳、以宗親核心主導之組織

參、宗親會層級結構與網絡

肆、以團結宗親爲主要功能

伍、結論

* 中央大學法律與政府研究所、客家社會文化研究所合聘助理教授。

壹、前言

傳統上中國的社會是以大家族為社會生活的中心，客家人也不例外，不論是婚禮、葬禮、慶賀新年、子女滿月……，也都是以族為單位舉行。此種以家族為生活核心的方式，若是在異鄉生活，則藉著同鄉會、崇正會等組織緊密團結。這些「會」的成員並不限於同族、同鄉，只要是客家人，任何人都能參加，在這組織裡共同創辦各種事業或成立基金[1]。因此同鄉會等團體就成為客家人相互牽繫、彼此扶助，對抗生活上種種困境的重要力量。台灣是一個移民的社會，渡海來台的客家人也有類似的現象。

時至今日，許多地方都有客家團體或是所謂的宗親組織（宗親會），桃園縣中壢市亦然。中壢早期就有許多客家人開墾，後有福佬人與外省人加入，成為多元族群的混合現代化都市[2]。此一多元族群的都市中，相對於桃園縣其他較為純客家莊的楊梅鎮、新屋鄉與龍潭鄉，客家族群如何維繫其客家意識與族群網絡就成為一個有趣的問題。此外，台灣進入民主選舉的政治生態之後，中壢市在桃園地區一直扮演著南區政治中心的角色。然而，除了在政治利益的衝突下，中壢人堅守客家族群的權益之外，有關客家的文化、教育等方面，卻幾近完全棄守。二十世紀末的中壢市，商市間甚至很難聽到一句客家話，大多數的家庭語言也漸被福佬話取代，中壢市的客家人卻似乎從來不自覺，一個新的福佬客區，也

[1] 以海外同鄉會的數量而言，華僑中以客家人為最多，分散在世界各地很難受到本國政府保護，因此著名的如客屬總會、崇正總會重要團體，就成為客家人非常重要的相互扶助組織（高宗熹，《客家人》，臺北：武陵，1993：101-104、144）。

[2] 漢皇廣告公司（1998），《潺潺溪澗話中壢》，中壢：中壢市公所，頁3-6。

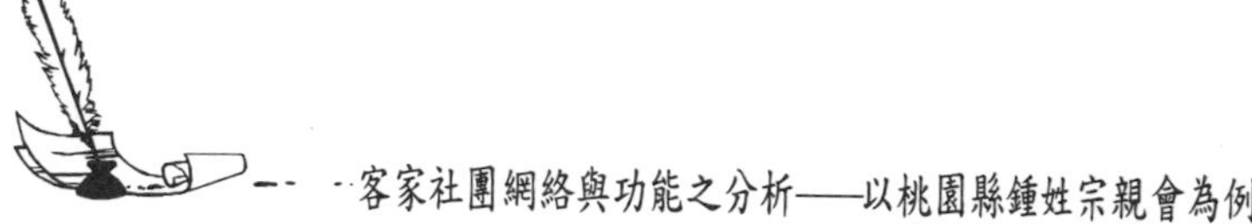

許即將成型[3]。因此，客家族群在主觀認同的母語使用，以及族群定位的估量上，有揮之不去的自我貶抑情結和隱形化的「族群自我離根化」取向[4]。在此情形下，有必要探究客家社團的網絡與影響力。

本文認爲客家社團具有以下幾種功能：

1. **客家社團在族群網絡與社會關係之意義**：如前所述，在逐漸現代化的都市之中，客家莊慢慢改變原有的風貌，原有群居的聚落已被一棟棟水泥建築物所取代，左鄰右舍不再遍佈家族成員。此時，客家社團是否建構起一定程度的族群網絡，作爲族群凝聚的基礎？以及以血緣構成的族群成員之社會關係是否仍然活絡？遂成爲有趣的課題。
2. **客家社團在政治上的意義**：客家社團平時不一定直接和政治有接觸，也不一定都有政治目的或想要獲得某種政治利益，但是台灣選舉頻繁，整個社會泛政治化的情形十分嚴重，似乎大部分的團體皆或多或少被動員參與各種選舉。選後，這些團體也會因爲選舉的勝負而受到不同的獎懲，得到或減少某些利益[5]。尤其在桃園縣，除了黃復興黨部的選票之外，宗親會是最主要的力量，各候選人也多依賴宗親系統，各依地盤營造占據動員網絡[6]。因此，研究客家社

[3] 劉還月（2000），《台灣的客家人》，臺北：常民文化，頁 257-258。

[4] 蕭新煌、黃世明（2001），《台灣客家運動族群史——政治篇（下）》，南投：臺灣省文獻委員會，頁 419。

[5] 范振乾（1998），〈客家事務爲什麼尚未能成爲政府的政策問題〉，《第三屆台北市客家文化節／客家發展研討會議》論文集，台北市政府民政局，頁 33-34。

[6] 蕭新煌、黃世明，同註 4，頁 424。

團有助於瞭解其在政治動員與政治參與[7]的影響力，更可以結合上述第一點，探究客家社團平時的族群網絡建立對於政治動員的關係。

3. **客家社團在公共事務參與的意義**：客家社團作爲公民社會組織（civil society organization），對於公共事務有其一定的影響力，例如對於社區保育、社區發展或是影響政府政策都有著力點[8]，探討客家社團就不能忽略社團內部組織與管理、社團與社會的互動等面向。
4. **客家社團在經濟上的意義**：有些宗親會與祭祀公業關係密切，這些祭祀公業對於其產業如何運用，或者對於成員之間產生何種經濟關係，也是觀察的重點之一。
5. **客家社團在民俗上的意義**：客家社團中很重要的組織之一是宗親會，宗親會的功能有許多種，其中一項是維繫宗祠的祭祀活動，此種祭祀有別於對於廟宇或神明的「祭祀圈」、「輪祀圈」[9]，對於成員的風俗信仰傳承上是否也產生一定影響，以及在社會變遷中祭祀活動如何轉變等，也是值得重視的問題。

至目前爲止，似乎尚未有中壢地區客家社團之正式研究文獻，但是有幾篇學術論文和著作與客家社團相關，例如李志剛所著的〈羅香林教授在港對客家學之拓展及與客家社團之關係〉，初步描述羅香林在香港與

---

[7] 參見丁守中譯（1986），G. Brigham Powell Jr.著，《當代民主政治── 參與．穩定與暴力》，臺北：國民大會憲政研討委員會。郭秋永（1993），《政治參與》，臺北：幼獅；郭秋永（2001），《當代三大民主理論》，臺北：聯經。

[8] 江明修（2000），〈各國公民社會組織與客家社團之發展〉，《客家文化行政研討會議》論文集，台北市政府民政局，頁 20-23。

[9] 如楊彥杰（1998），〈輪祀圈：寧化治平的華光大帝崇拜〉，中研院民族所主辦，《第四屆國際客家學研討會》，頁 497-524。

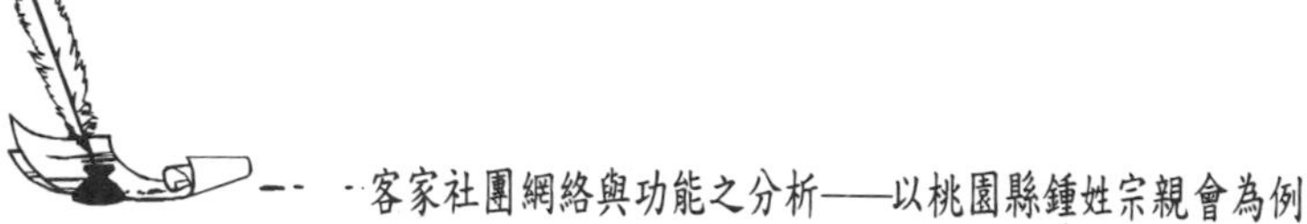

幾個客家社團之關係，介紹香港崇正總會、基督教香港崇真會、羅氏宗親會等幾個客家社團[10]。范振乾所寫的〈客家事務爲什麼尚未能成爲政府的政策問題〉一文中，在探討客家事務反映管道是否暢通的部分，愷切指出客家社團現有之弊病，值得客家人反省再三[11]。江明修〈各國公民社會組織與客家社團之發展〉一文，則從各國公民社會組織談起，繼則提出當代客家社團發展應注意的趨勢，與國際潮流接軌是其主要關懷重點[12]。蕭新煌、黃世明的《台灣客家運動族群史—— 政治篇（上）（下）》，則系統性的分析台灣客家地方社會與族群政治，並提出戰後台灣地方社會中的客家政治力發展的五大類型，具有重要的學術價值[13]。在台灣的地方政治研究中，比較多著重在地方派系或地方政府，對於族群社團所扮演角色較少著力，因此，有必要加以更進一步探究。

依據上述之研究構想，本文提出以下基本看法：

1.在台灣地區客家社團以宗親會爲大宗，其他社會文化團體、政治團體亦逐漸蓬勃發展，但尚未有客家政黨。
2.客家人藉由客家社團凝聚內部向心力，此種所建構的族群網絡是客家人在城鄉轉型中，身分認同的管道與構築客家意識的來源之一。
3.客家社團的核心分子爲族群之中的意見領袖，其主導客家社團之政治、社會、經濟與民俗之功能。

客家社團有許多種類，例如同鄉會、宗親會、文化協會等等，本文選擇位於中壢地區的「桃園縣鍾姓宗親會」爲主要研究對象，採取質化

---

10 李志剛（1998），〈羅香林教授在港對客家學之拓展及與客家社團之關係〉，中研院民族所主辦，《第四屆國際客家學研討會》，頁 1207-1224。

11 范振乾，同註 5。

12 江明修，同註 8。

13 蕭新煌、黃世明，同註 4。

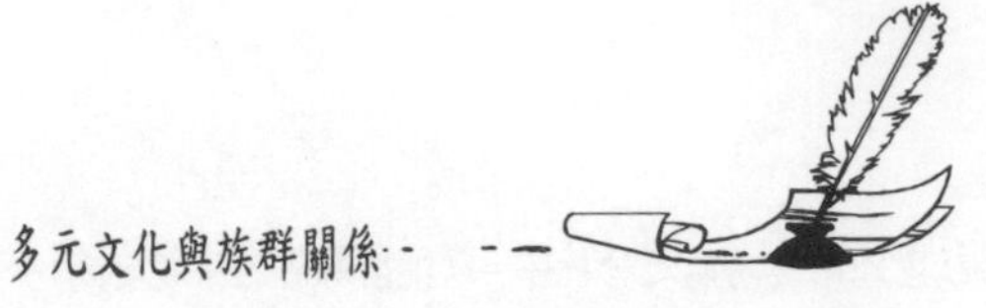

的研究方法，對於鍾姓宗親會進行參與觀察與訪談[14]，並參考政治學上的「團體研究法」，分析宗親會的運作[15]，藉由文獻分析法與歸納法進行研究。本文之研究架構如圖 7-1：

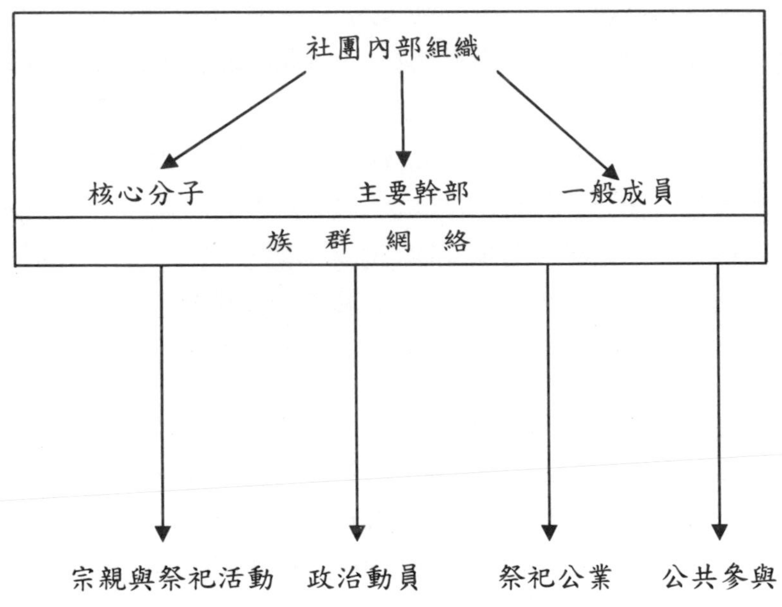

圖 7-1　本文研究架構圖

依據桃園縣鍾姓宗親會章程第三條，該會以桃園縣行政區域爲組織區域，會址永久設於楊梅鎮中山里祖廟，惟辦公地址設於中壢市，並視

---

[14] 陳菁雯等譯（1998），David Marsh and Gerry Stoker 著，《政治學方法論》，台北：韋伯文化，頁 187-207。

[15] 朱堅章等譯（1986），Alan C. Isaak 著，《政治學的範圍與方法》，台北：幼獅，頁 257-268。

實際需要，在各地區設聯絡處。另依桃園縣鍾姓宗親會第十屆第二次會員大會手冊封面註明，該會會址設於中壢市石頭里中山路四一號六樓[16]。本文所研究之桃園縣鍾姓宗親會可以顯示出下列特色：

1.鍾姓宗親會以桃園縣爲區域，而不以中壢市爲限，擴大宗親會之範圍。
2.實際上鍾姓宗親會是以楊梅鎮中山里祖廟爲祭祀地。
3.中壢爲南桃園的中心，將辦公地點設在中壢有其地利之便。
4.鍾姓宗親會的會員（宗親）以中壢市最多，鄰近的平鎮市次之，楊梅鎮再次之，桃園縣其他地區之會員則銳減爲四十人以下[17]。因此中壢、平鎮之會員占半數以上，就此角度而言，鍾姓宗親會應爲中壢地區客家社團。

因此就實質而言，鍾姓宗親會是中壢地區的客家社團，也是桃園縣客家社團，亦是楊梅鎮的客家社團，應兼具三重身分。

---

16 參見桃園縣鍾姓宗親會編（2004 年 3 月 28 日），《桃園縣鍾姓宗親會第十屆第二次會員大會手冊》，封面、頁 4。

17 同上，頁 59。

貳、以宗親核心主導之組織

一、宗親會內在結構

(一)成員結構

宗親會以「敦睦宗誼，發揚倫理道德，尊宗敬祖，團結合作，增進宗親福利，維護國策爲宗旨」（桃園縣鍾姓宗親會章程第二條），既然以宗親的福利爲主要目標，就不應以性別爲入會的考量，因此該會章程第五條規定：「凡居住在本縣行政區域內鍾姓宗親，年滿二十歲以上，不分性別，品行端正，經會員一人介紹，提報理事會通過後爲本會會員[18]。」

就該會第十屆第二次會員大會（民國九十三年三月二十八日）之統計，現有會員計有八百四十九人。依人數多寡之地區分布來看，依序是中壢、平鎮、楊梅、龍潭、桃園、大園、新屋、八德、觀音、大溪。中壢有三百一十二人最多、平鎮二百一十五人次之、楊梅一百五十六人再次之，接下去龍潭就只有三十一人[19]。雖然鍾姓人士未必會加入鍾姓宗親會，但以此一組織來看，的確以中壢、平鎮、楊梅三個區域的會員爲大宗，因此可以推測鍾姓人士以居住在桃園縣南部爲多。

如前所述，加入宗親會不應以性別爲入會的考量，然而實際上卻以男性會員爲主，鍾姓宗親會依地域分區分組將會員編組，本文發現許多

[18] 同上，頁 4。

[19] 同上，頁 59。但在宗親會第十屆（92）年度工作報告中，現有會員人數爲八百五十八人，同上，頁 42。

組中沒有女性會員，或者在一組二十幾位會員之中，平均女姓占不到五名，可見女性加入的並不踴躍。在加入的女性之中，一類爲原生家庭之鍾姓女性，第二類則是嫁入鍾家，冠夫姓之女性。

一般而言，一戶只有一人爲宗親會會員，但也有例外，如住在中壢市內厝里的同一戶有兩位加入宗親會[20]。鍾姓子女未滿二十歲不能加入，但因其長輩加入宗親會，即可享有申請獎學金之權利[21]；會員的父母亦可享有八十歲以上壽星表揚之福利。因會員家屬已可享有上述的權利，這或許減少會員家屬加入宗親會的意願，該會九十二年度工作報告中提及：「本會本年度會員尚無明顯成長，請各理、監事、區主任、組長對各該區內未加入之宗親妥爲勸進，以擴大本會組織[22]。」

(二)領導結構

該會的領導結構分爲理事會與監事會，理事會設理事十五人，候補理事五人；監事會設監事五人，候補監事一人，均由會員大會無記名連記法選任，任期三年連選得連任一次。理事十五人互選五人爲常務理事，由理事就常務理事中互選一人爲理事長。監事五人中由監事互選一人爲常務監事（該會章程第十二條、第十三條、第十四條）。至於行政方面，則設總幹事一人、副總幹事三人，區主任及組長若干人，由理事長提名經理事會通過後聘任之，均爲義務職，但得視實際需要支付交通膳食費（該會章程第二十條）。該會另外設置名譽會長，名譽理事長各一人，名譽副會長，名譽理監事、顧問等若干人，均由理事長提請理事會通過聘

---

20 同上，頁 78。

21 同上，頁 10。

22 同上，頁 42。

請之（該會章程第十五條）[23]。

本文認爲，該會的領導結構有以下特質：首先，由於會員的來源有限── 必須以同姓爲前提，成員的性質以血緣宗親爲本，所以宗親之間，基本上較爲尊重倫理，領導人以德高望重之宗親長輩爲主。其次，主要領導人物有依續逐漸爬升之現象，例如前任理事長鍾逢乾先生，由財長→總幹事→理事長；現任理事長鍾清錦先生，由副總幹事→總幹事→理事長；鍾榮山先生由總幹事→理事長；鍾晃華先生由常務理事→常務監事→總幹事[24]。第三，就目前看來，領導結構非常穩定，有利於會務運作。

二、宗親會外在結構

(一)與其他桃園縣的鍾姓宗親會之關係

桃園縣鍾姓人士不僅只有一個宗親會，例如另外有一個「振宙公派下鍾氏宗親會[25]」，只不過以行政區域爲範圍的鍾姓宗親會，就只有「桃園縣鍾姓宗親會」。這兩個宗親會並沒有隸屬關係、結盟關係，而是各有各的組織體與祭祀宗廟，各自獨立運作。

雖然兩者各自分開，但兩者的重要成員卻有流通的現象，例如振宙公派下鍾氏宗親會的前任主任委員是桃園縣鍾姓宗親會的現任總幹事；又如振宙公派下鍾氏宗親會的現任主任委員是桃園縣鍾姓宗親會的現任常務理事。因此表面上兩者不相往來，但兩者主要的活動區域均屬南桃園地區，而前者的幹部有到後者兼任之情形，因此還是有所聯繫。

---

[23] 同上，頁 5-6。

[24] 同上，頁 22。

[25] 筆者的父親鍾精華先生即曾擔任過該會的主任委員。

(二)與台灣區鍾姓宗親會之關係

台灣區鍾姓宗親會與桃園縣鍾姓宗親會有何關係呢？依據台灣省（區）鍾姓宗親會總會章程第三條規定：「本會以台灣省行政區域為組織區域。會址設於楊梅鎮中山里祖廟，惟辦公地址設於理事長所在地，視實際需要，在各縣市設聯絡處[26]。」

台灣區鍾姓宗親會與桃園縣鍾姓宗親會的會址均同，設立於楊梅，並且依據《台灣區鍾姓宗親總會第六屆第二次會員代表大會手冊》封面註明，該會會址設於中壢市中山路四十一號六樓[27]，與桃園縣鍾姓宗親會的辦公地址相同。最重要的是桃園縣鍾姓宗親會前任理事長鍾逢乾先生就是台灣區鍾姓宗親會的現任理事長，所以桃園縣鍾姓宗親會前任理事長與現任理事長一起聯合辦公，兩會日常關係非常密切。

(三)與世界鍾姓宗親聯宗總會之關係

桃園縣鍾姓宗親會前任理事長鍾逢乾先生，不僅是台灣區鍾姓宗親會的現任理事長，亦是世界鍾姓宗親聯宗總會的祕書長，所以從縣到台灣區到世界鍾姓宗親聯宗總會祕書處，均在中壢市同一辦公處所，從地方到大區域，垂直整合相當成功。

---

[26] 參見台灣區鍾姓宗親總會編（2004 年 6 月 6 日），《台灣區鍾姓宗親總會第六屆第二次會員代表大會手冊》，頁 3。

[27] 同上，封面。

參、宗親會層級結構與網絡

一、組織網絡之建構

宗親會的重要功能就在聯絡宗親，謀求會員的福祉，那麼宗親會如何建構此一組織網絡呢？依據桃園縣鍾姓宗親會章程第三條，該會視實際需要，在各地區設聯絡處。另外第二十條也規定設若干區主任與組長。有了這些依據，該會理事會遂制定「桃園縣鍾姓宗親會各區連絡處組織細則」，作為規範宗親會以下的組織體系與其活動事務之依據。

這一項組織細有以下幾個特色：

1.連絡處置主任一人，副主任、組長若干人，由理事長推選經理事會同意派任之，任期與理事會相同，負責辦理區內一切連絡事務（第六條）。

2.連絡處為各區轄內會員間之活動及連絡中心（第三條）。

3.一切事務以分層負責為原則，事務由本會統籌辦理再行通知連絡處，再由各連絡處轉知各組長負責連絡各會員，如屬宗親間之交誼活動，應由各連絡處負責人轉達本會（第八條）。

4.會員間遇有疑難時擬請本會協助解決者，可以用書面或口頭告知該區負責人（區主任），再由區主任就其職責親自或召開會議解決之，無法解決時再轉告本會解決之（第九條第二項）。

就實際架構來看，組織層級分為兩級：一是會本部；一是聯絡處。聯絡處內設有區主任與組長（參見圖 7-2）。現在並無設置副主任。

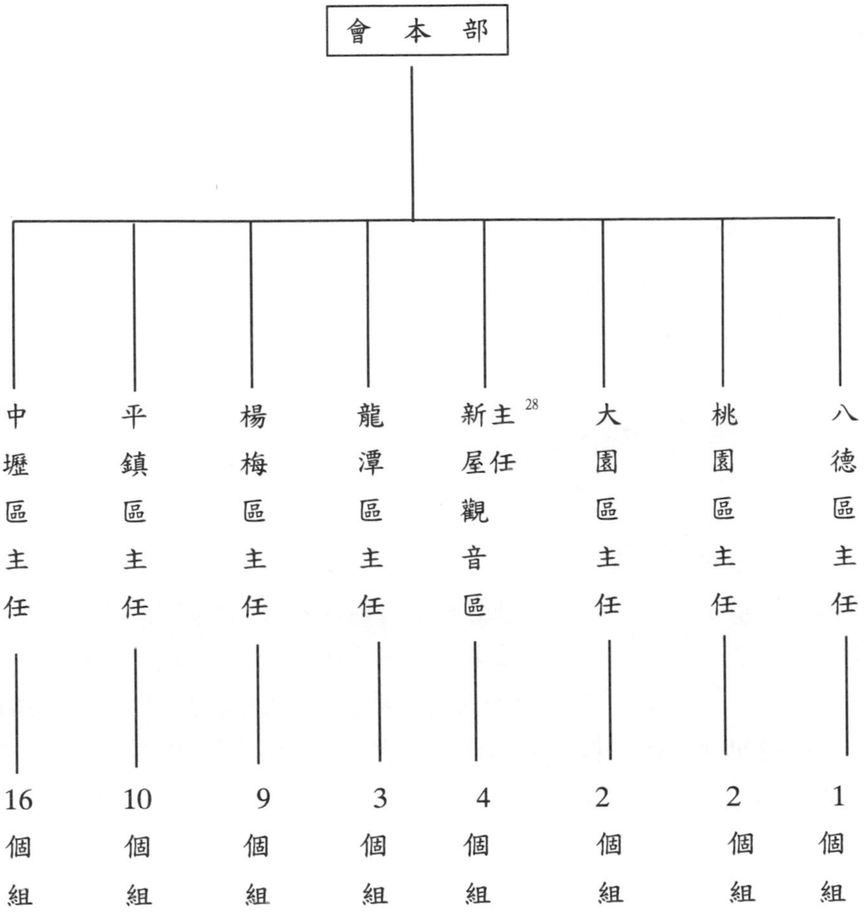

會本部

中壢區主任	平鎮區主任	楊梅區主任	龍潭區主任	新屋觀音區主任[28]	大園區主任	桃園區主任	八德區主任
16個組	10個組	9個組	3個組	4個組	2個組	2個組	1個組

圖 7-2　桃園縣鍾姓宗親會組織網絡[29]

資料來源：依據桃園縣鍾姓宗親會區主任、組長名冊[30]作者自行繪製。

[28] 手冊中顯示有兩個主任，同註 16 書，頁 20-21。

[29] 大溪區沒有主任，只有組長，同上，頁 21。

[30] 同上，頁 18-21。

從上述的組織細則與實際編組來看，宗親會的確將所有會員納入編組名單之中，且依人數多寡設立組別，符合行政學上控制幅度不宜過大的原則。此外，在事務分配上，採取分層負責的原則，該會統籌處理或交辦的事項除外，平時與地區性的活動，則由各區主任與組長負責。甚至會員的問題也不可直接由會本部處理，而是先由各區主任解決，若解決不了才層轉會本部處理。因爲會員的問題與地緣有較大關係，且基於分工的原則，宜由各地區主任先解決。此種方式，也有助於建立各地區的自主活動能量，加強各區會員的互動。

二、宗親會與祭祀公業密切合作

事實上除了桃園縣鍾姓宗親會之外，還有一個與宗親會關係密切的組織，那就是「祭祀公業鍾姓祖嘗」。鍾姓祖嘗從清咸豐三年就成立，剛開始爲鍾姓「丁仔會」的祭祀組織，由鍾振祿、鍾阿寶等人爲首，號召族人團結互助，勸募八百四十六人成爲會員，購置現有楊梅鎮二重溪段五公頃餘地，並建一棟茅舍爲田寮，兼作重陽節族人集會之所。丁仔會於清光緒年間改爲鍾姓祖嘗[31]。

此一祖嘗至民國九年並無規章準則，僅設有四份會簿，管理人各執一份，一年算一次，恰似金錢周轉福利會，每年會腳只有在重陽節聚餐，全由管理人負責，會算分紅全無程序，所以祖嘗之宗旨無法達成。日據時代因聞日本政府計畫將所有民團神會、祖嘗之產業一切充公，且爲防止後人變賣，所以在民國二十年間，變更爲祭祀公業[32]。經過多年經營，鍾姓祖嘗規模愈來愈大，而且也完成組織法制化的工作（民國七十七年

[31] 參見祭祀公業鍾姓祖嘗編（2004 年 10 月 22 日），《祭祀公業鍾姓祖嘗第四屆第二次派下員大會手冊》，頁 9。

[32] 同上。

十月十九日通過組織規約書），到民國九十三年十月爲止，共有派下員一千五百六十四人，資產逾億新台幣[33]。

祭祀公業鍾姓祖嘗原本設立的宗旨就是祭祀組織，兼帶有經濟互助合作之功能，而集資所購置之財產就成爲祖嘗、派下員的集體財產；祖嘗所建設的祖廟與會所，就成爲祭祀與族人集會之所。由此看來，祖嘗其實就是一個宗親會組織，不過它與桃園縣鍾姓宗親會有所不同：第一，它的資產從清代到現在爲止，因爲增值與經營而成爲規模龐大的祭祀公業，相反的，宗親會的資產遠不如祖嘗。第二，如前所述，桃園縣鍾姓宗親會的入會資格是居住在本縣行政區域內鍾姓宗親，年滿二十歲以上，不分性別，品行端正，經會員一人介紹，提理事會通過後均可爲本會會員。但是加入祖嘗的資格有限制，原則上必須是原派下人員所傳男性直系血親卑親屬且冠鍾姓者爲限，女性無派下權[34]。所以派下員是最早加入八百六十四人的派下直系卑親屬始可，資格並不開放給其他的鍾姓宗親；而且，只有男性可以加入，與宗親會男女皆可不同。

桃園縣鍾姓宗親會與祭祀公業鍾姓祖嘗遂成爲兩個不同的組織體，不過兩者皆設於楊梅鎮中山里的鍾氏祖廟內。兩者的宗旨都在祭祀祖先、團結宗親，因爲資格的不同而產生兩個組織，不過，兩者關係密切、互相合作。兩者的領導階層之成員有些重疊，重要成員幾乎一致，例如，桃園縣鍾姓宗親會前任理事長、現任首席顧問，也是台灣區鍾姓宗親會的現任理事長鍾逢乾先生，就是祭祀公業鍾姓祖嘗的管理人（負責人）；又如桃園縣鍾姓宗親會現任理事長鍾清錦先生也是祭祀公業鍾姓祖嘗的常務委員兼出納；桃園縣鍾姓宗親會顧問鍾火貴也是祭祀公業鍾姓祖嘗的委員兼常務監察人。所以兩者的領導階層是重疊在一起的，如此有利於兩個組織的整合運作，可發揮較大功能。

---

[33] 同上，頁 5、頁 35-36。

[34] 參見「祭祀公業鍾姓祖嘗組織規約書」第六條第一項第一款，同上，頁 5。

三、宗親會與相關社團之聯結

桃園縣鍾姓宗親會與兩個組織比較有密切關係。一是「鍾蕭葉聯誼會」；一是「桃園縣潁川公共事務協會」。前者傳說鍾姓族人因歷史上戰亂，曾改姓入蕭姓與葉姓人家之中，三者遂有某些血緣重疊，故鍾蕭葉三姓關係密切，現有一聯誼會，彼此互相往來[35]。後者是鍾姓宗親發起的一個社會團體，不限鍾姓人士參加，但是該會的會址也與桃園縣鍾姓宗親會的會址相同，某種程度上言，該會可以說是宗親會的結盟組織，也是宗親會對外的一個窗口[36]。

肆、以團結宗親為主要功能

一、以祭祀與宗親福利爲宗旨

桃園縣鍾姓宗親會章程第四條規定該會的任務爲：(1)協助政府推行政令；(2)奉祀祖先事項；(3)弘揚民族固有倫理道德；(4)舉辦族內福利，及解決困難調息糾紛；(5)有關族內興革事項[37]。此一任務符合宗親會敦

---

35 桃園縣鍾姓宗親會前任理事長鍾逢乾先生於 2004 年 11 月 16 日接受訪談時做此表示。

36 該會會務報告說：「……皆配合縣宗親會及祖嘗會辦理活動，本會成員大多爲宗親會的核心骨幹，視爲相輔相成的一體兩面……。」參見桃園縣潁川公共事務協會編（2002 年 12 月 21 日），《桃園縣潁川公共事務協會第二屆第一次會員大會手冊》，頁 9。

37 同註 16，頁 4。

睦宗誼、尊宗敬祖、團結合作、增進宗親福利的宗旨。其主要活動為：

1.辦理春季祭祖、舉辦表揚敬老[38]等活動。

2.協助宗親辦理婚喪喜慶。

3.會務交流[39]。

另外似乎也非常重視會員子女的獎助學金發放，該會還特別制定「本會會員子女獎助學金實施辦法」，每年依據辦法核發獎助學金，共錄取三十六名[40]。

大致上來說，宗親會藉由每年的祭祀活動，表達子孫慎終追遠之意思，祈求祖先保祐，聯繫宗親情誼。除此之外，宗親會辦理敬老、發放獎助學金，以及協助婚喪喜慶事宜成為例行性的工作。至於解決困難或調解糾紛，已漸漸減少[41]，例如民國九十二年列入工作報告僅一項而已。因社會的現代化，分工愈趨細密，人際關係也愈來愈複雜，傳統上宗長的權威已逐漸沒落，其定紛止爭的功能也逐步為各地區的調解委員會或司法機關等所取代。甚至以往宗親會還有介紹姻緣之功能，也被現代化的婚姻介紹機構所取代。至於公共參與方面，宗親會並無較多表現，但在九二一大地震時，宗親會有到災區賑災則值得一書[42]。

綜合言之，以往傳統上宗親會的仲裁性功能似乎已黯然失去，代之而起的是服務性的功能，宗親會惟有強化組織運作，擴大服務層面，才能吸引更多的人加入。至於對於客家意識的維繫，並沒有特別的方式，仍是藉由一般的祭典與聯誼活動來推廣。

---

[38] 對於八十歲以上壽星加以表揚，參見同上，頁 27-30。

[39] 同上，頁 42。

[40] 同上，頁 10。

[41] 同註 35。

[42] 同上。

二、宗親會之政治參與空間

從政治學上投票行為研究可以得知，人民投票有政黨取向、候選人取向、政見取向，還有關係取向。宗親會就是關係取向的一種。台灣的宗親會一直為政治人物所覬覦，因為：第一，宗親會的內聚力很強，團結度高，選舉時候選人在茫茫票海之中，若有宗親會的協助，不啻是吃下一顆定心丸；第二，宗親會與政治人物之間可以互相協助、互蒙其利，尤其是宗親當選為民意代表，亦是同宗之光榮；因此，宗親會未必會排斥間接參與政治的可能性。

在本研究之中的個案，證實此一普遍的認識。鍾姓宗親會對於地方級的選舉，大致上都會決定支持的對象，決定的原則是：

1.鍾姓宗親參與競選就優先支持。
2.如果鍾姓宗親不參與競選，鍾蕭葉中其他二姓宗親參與競選就優先支持。
3.如果上述兩原則皆不適用，就另外討論決定[43]。

值得一提的是，雖然宗親會會偏向支持某些政黨候選人，然而宗親會「只講宗親，不論黨派」的原則獲得多數共識，對於同宗的不同政黨候選人仍會加以支持[44]。

---

[43] 同上。

[44] 同上。

伍、結論

本文探討桃園縣鍾姓宗親會，發現該宗親會在垂直上與台灣區鍾姓宗親會和世界鍾姓宗親聯宗總會有所整合，在水平上也與祭祀公業鍾姓祖嘗、鍾蕭葉聯誼會和桃園縣潁川公共事務協會整合，可以看出宗親會相互結合的現象。

此外，宗親會向下也有清楚的組織架構，透過分層負責來處理宗親的事務。特別是分區與分組的責任編組，能夠明瞭宗親會的運作模式。以往傳統上宗親會的仲裁性功能似乎已黯然失去，較爲明顯的是服務性功能，至於對於客家意識的維繫，並沒有特別的方式，仍是藉由一般的祭典與聯誼活動來推廣。宗親會在間接政治參與方面似比公共參與多一些，例如在各項選舉中支持某些候選人，但仍非主要活動面向，也很少與政府部門接觸。

本文認爲，現在的宗親會面臨人口遷徙、認同度下降，以及各種社會團體的爭取，宗親會以其同姓之便，亦不免會員的流失。因此宗親會如果採取「守勢」，便僅能維持其基本面而已，惟有強化組織運作，擴大服務層面，藉由現代化的工具與途徑（例如電腦網路）與其他機關合作（例如社區大學或文史工作室），才能吸引更多的宗親加入，甚至可以吸收榮譽會員（非同姓人士），以強化社團能量，並推廣客家文化。

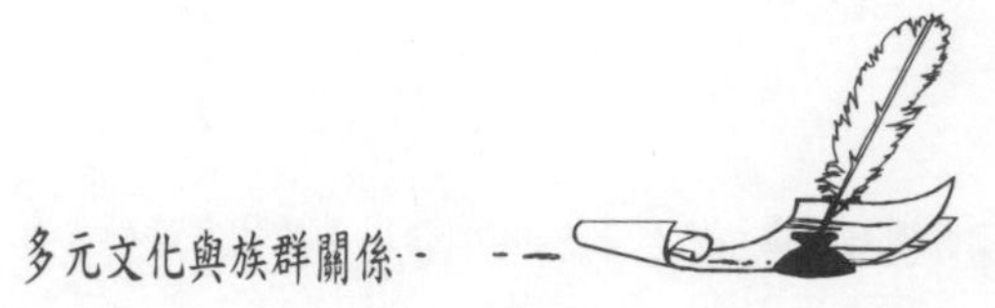

參考書目

丁守中譯（1986），G. Brigham Powell Jr.著，《當代民主政治—— 參與·穩定與暴力》，臺北：國民大會憲政研討委員會。

台灣區鍾姓宗親總會編（2004），《台灣區鍾姓宗親總會第六屆第二次會員代表大會手冊》。

江明修（2000），〈各國公民社會組織與客家社團之發展〉，《客家文化行政研討會議》論文集，台北：台北市政府民政局。

朱堅章等譯（1986），Alan C. Isaak 著，《政治學的範圍與方法》，台北：幼獅。

李志剛（1998），〈羅香林教授在港對客家學之拓展及與客家社團之關係〉，中研院民族所主辦，《第四屆國際客家學研討會》，頁 1207-1224。

范振乾（1998），〈客家事務為什麼尚未能成為政府的政策問題〉，《第三屆台北市客家文化節／客家發展研討會議》論文集，台北：台北市政府民政局，頁 24-50。

桃園縣穎川公共事務協會編（2002），《桃園縣穎川公共事務協會第二屆第一次會員大會手冊》。

桃園縣鍾姓宗親會編（2004），《桃園縣鍾姓宗親會第十屆第二次會員大會手冊》。

祭祀公業鍾姓祖嘗編（2004），《祭祀公業鍾姓祖嘗第四屆第二次派下員大會手冊》。

郭秋永（1993），《政治參與》，台北：幼獅出版公司。

郭秋永（2001），《當代三大民主理論》，台北：聯經出版公司。

陳菁雯等譯，David Marsh and Gerry Stoker 著（1998），《政治學方法論》，台北：韋伯文化。

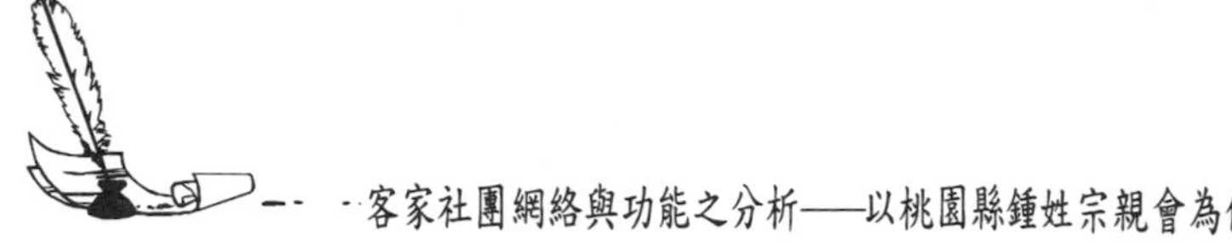

楊彥杰（1998），〈輪祀圈：寧化治平的華光大帝崇拜〉，中研院民族所主辦，《第四屆國際客家學研討會》。

劉還月（2000），《台灣的客家人》，臺北：常民文化。

漢皇廣告公司（1998），《潺潺溪澗話中壢》，中壢：中壢市公所。

蕭新煌、黃世明（2001），《台灣客家運動族群史──治篇（上）（下）》，南投：臺灣省文獻委員會。

永續發展與族群夥伴關係

劉阿榮*

壹、前言

貳、永續發展與地方永續發展

參、永續發展的族群關係策略：

競存關係或夥伴關係

肆、「夥伴關係」中的兩種爭議：資源平等主義與原住居民權利主義

伍、結論

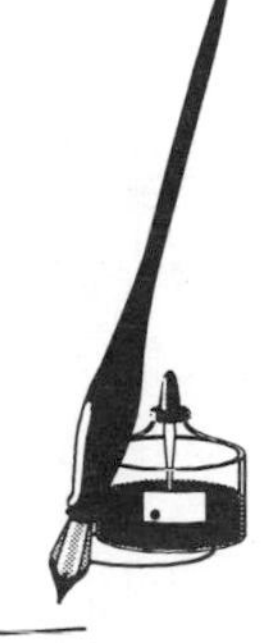

* 元智大學社會系教授兼人文社會學院院長。

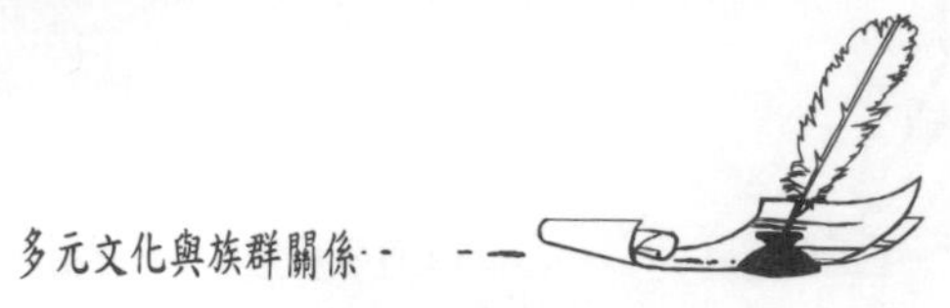

壹、前言

加拿大著名的思想家金力卡（Will Kymlicka）在其近著《少數的權利：民族主義、多元文化主義和公民》（*Politics in the Vernacular: Nationalism, Multiculturalism and Citizenship*）一書第七章中特別論述了「原住民權利和環境公正」的課題。他指出「族裔文化公正」是近代公平正義的一環，但「國家之間的公正，並不能保證從屬於國家的社區間的公正，比如原住民之間的公正。原住居民的狀況對國內和國際公正的先決條件，提出了許多重要問題── 諸如個人、社區和國家三者的要求及相互關係；主權的性質；以及如何適應文化差異。」（Kymlicka, 2001: 134）

二〇〇五年初，立法院通過「原住民族基本法」，明白揭示：「爲保障原住民族基本權利，促進原住民族生存發展，建立共存共榮之族群關係，特制定本法」（第一條），這種建立「共存共榮」的族群關係，當然是揚棄支配、宰制，而以合作的「夥伴關係」爲原則。事實上，該法第六條更具體地把政府／原住民族自治權，視爲相互對待、協商解決的關係，其條文是：「政府與原住民族自治間權限發生爭議時，由總統府召開協商會議決定之。」此一精神更把主體民族執政的「政府」與「原住民族」之夥伴關係呈現出來。至於其他各條條文也以政府與原住民族之間的相關權利「另以法律訂定之」。（行政院原住民族資訊網網址：http://www.apc.gov.tw/official/govinfo/lawearch/lawsearch_result.aspx?no=386）

以往，在整個永續發展的議題上，大家普遍關懷的是，整個國家經濟發展與環境的永續問題，但這些問題的核心焦點，大都以主體民族、主流文化、人口聚集或交通發達的城鄉地區，往往忽略了少數民族、原住民文化、部落原鄉地區。

關於原住民族或部落原鄉的平等對待與尊重，體現於各方面的意義及價值：不論在保存族群語言文化的多樣性；維護大自然生態保育區；

保障族裔公民與人權；實現族群正義與環境正義……都是政府和人民必須重視的課題，也是「二十一世紀議程」（Agenda 21）內容架構中，「加強各主要組織的作用」項目，所強調「永續發展的社會夥件」——原住民的夥伴關係應努力之方向。該文件對於永續發展上在有關原住民方面是：

原住民與其居住土地有歷史淵源，對自然資源保育有獨特的貢獻，其對永續發展的參與應予加強，傳統知識與經驗應予尊重。避免對環境不利的活動介入。

由上可知，聯合國（UN）提出「地方二十一世紀議程」（Local Agenda 21），對於地方永續發展的實踐，以「建立夥伴關係」爲主要的進行方式，因爲永續發展是涉及各區域、各族群通力合作的議題，「各自爲政」不但難以形成有效的實踐策略，甚至力量也會相互抵消，唯有「夥伴關係」才是地方永續發展能否落實的重要因素；也是體現族群正義的基本關懷。因爲該文件提到：「要實現永續發展，基本的先決條件是廣泛性的公民參與」，不論個人、團體、組織，在參與中學習、成長，共同維護生存環境，而尊重關懷原住民、婦女、兒童、殘障……弱勢族群權益，使他（她）們共同參與決策過程，表達意見、爭取權益，正是實踐社會公平正義的基本方式。

眾所周知，資本主義的「自由競爭」、「追求利潤極大化」原則，是一種「物競天擇，適者生存」的邏輯，不僅造成資源分配不公，且強權壟斷，宰制及破壞自然，造成生態環境之浩劫。有鑑於此，本文主張「永續發展」應建立在族群平等，肯認差異、尊重關懷的基礎上，對少數或弱勢族群的權益給予更多的保障，揚棄弱肉強食，物競天擇，適者生存的「競存」理念，建立合作的「夥伴關係」，減少衝突、爭奪、宰制，使資源達到更公平、更合理的共享，生存環境得以永續發展，讓各地區、

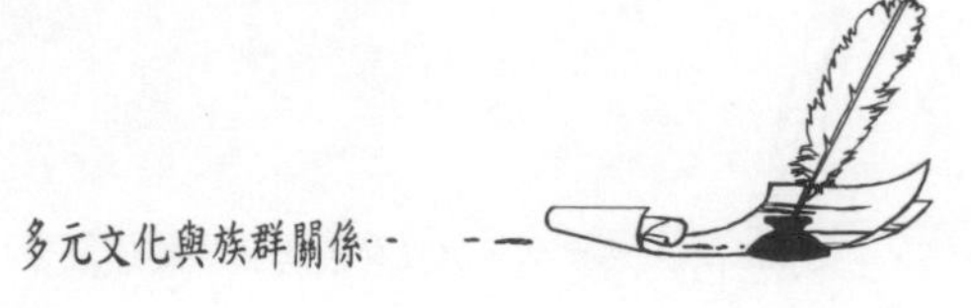

各族群……建立夥伴合作的關係，追求「我們共同的未來」(Our common future)。

貳、永續發展與地方永續發展

幾個世紀以來科技文明雖帶來物質富饒、生活便捷的好處；但資源耗竭、環境污染已成爲全球共同的危機，有鑑於此，一九七二年聯合國召集了全球一百多個國家代表，在瑞典首都斯德哥爾摩召開「人類環境會議」，以「只有一個地球」(Only One Earth) 爲主題，呼籲各國共同保護及改善環境，以利人類生存。一九八七年聯合國「世界環境與發展委員會」(World Commession on Environment and Development, WCED) 又提出一份極受重視的報告名爲《我們共同的未來》(*Our Common Future*)，陳述了經濟發展與生態環境並重的觀念。該書指出：「在國家政府和多邊機構中，人們越益認識到經濟發展問題和環境問題是不可分割的；許多發展形式損害了它們所立足的環境資源，環境惡化已經破壞經濟發展。貧窮是全球環境問題的主要原因和後果。」(王之佳，柯金良等譯，1992：4-5) 這種觀念最值得注意的不只是環境問題，也不單是經濟發展問題，而是兩者「不可分割的」相互關係。換言之，經濟發展「損害了它們所立足的環境資源」，但經濟不發展並非即能保障環境，事實上許多開發中國家因爲貧窮，人口增加又無法節制，自然資源的消耗極大，造成「環境問題的主要原因和後果」。挪威紅十字會祕書長格藍 (Odd Grann) 曾說：「開發中國家所有災害的問題，本質上來說都是未解決的發展問題。因此，防止災害主要是合理的開發，這必須是在持續的範圍內的發展。」(前揭書，頁 38) 他所說的「合理的開發」、「在持續的範圍內發展」也就是日後盛行的「永續發展」(Sustainable Development) 之觀念。

一、永續發展的意涵

「永續發展」是一個多樣性的概念，到目前為止「至少已累積了上百個定義在建構永續發展的實質內涵」。（李永展，1999：2）當然，其中還有不少被誤用或「搭便車」的現象（例如「永續執政」、「永續經營」等），事實上，所謂永續發展最重要的概念，也是目前較被大多數人所認同的定義是《我們共同的未來》一書第二章所揭示的定義：

> 「永續發展」是既滿足當代人的需要，又不危害後代人滿足其需要的能力構成危害的發展。它包括兩個重要的概念：
> 1.「需要」（needs）的概念，尤其是世界上貧窮人民的基本需要，應放在特別優先的地位來考慮；
> 2.「限制」（limitations）的概念，技術狀況和社會組織對環境滿足眼前和將來需要的能力上施加的限制。（王之佳、柯金良等譯，1992：52）

在這組定義之中，陳述了人類的「需要」和環境資源的「限制」兩種由相衝突導向相調適的發展方式。簡言之，永續發展涉及兩個最主要的面向：一個是「環境」；另一個是「發展」，兩者是不可分的，只有「環境」而無發展，全體人類生活無以增進；只有「發展」而無視於環境；生活品質將更惡化。因此「環境」是人類生存之根基；「發展」是謀求生活之改善，兩者不可分離，前者尤為後者之本源。（劉阿榮，1998：10）

永續發展是一個多面向、多目標的綜合架構，陶在樸（1998：104-105）引用 I. Serageldin（1993）所揭示的經濟、社會、生態三個目標（如圖 8-1）：

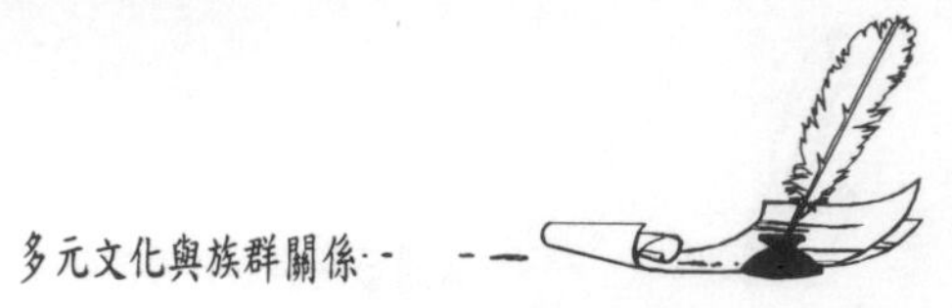

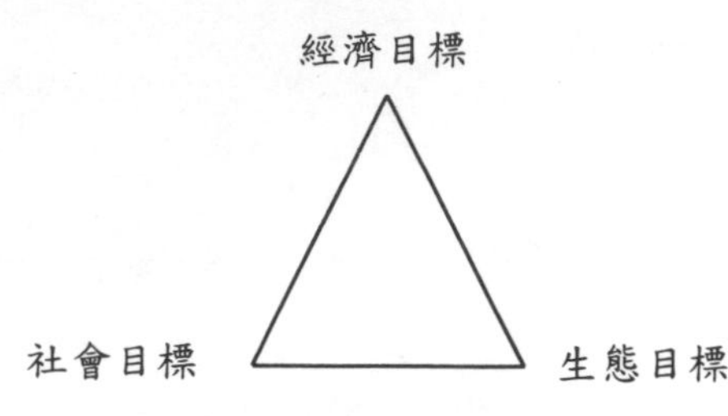

圖 8-1　永續發展的三個目標

如圖 8-1 所示，永續發展要在經濟、社會、生態三個目標上兼容並顧：在經濟目標上是成長、分配適當、效率等的永續性；在社會目標上爲權力、參與、社會凝聚、文化認同、制度發展的永續性；在生態上關懷生態系統的完整、承受力、物種（species）多樣性以及全球性問題等。

廖俊松（2004：186）引述 M. Munasinghe（1993）所提出的永續發展整合性架構（如圖 8-2）。

從圖 8-1 及圖 8-2 可以看出其間的大同小異，例如：均強調經濟、社會、生態三者兼顧；均認爲民眾參與、住民參與、文化認同……，這些目標預示了永續發展有賴各地方、各族群的參與，並著重文化遺產的保存、維護生物多樣性等永續性的追求。

二、地方永續發展的推動

永續發展的概念，可以從「全球」去觀照；也可以由「國家」去推動，但最重要的是落實在「地方」上去執行。從空間地區而言，「地方永續發展」是源自各地方的實際需求，考量地方的資源、環境與各種條件的配合，鼓勵地方公、私部門和非政府組織（NGOs）共同致力於地方的發展，和保持經濟、社會、文化及生態的永續性。

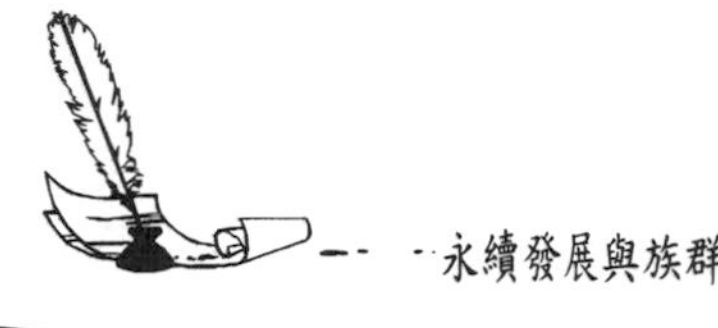

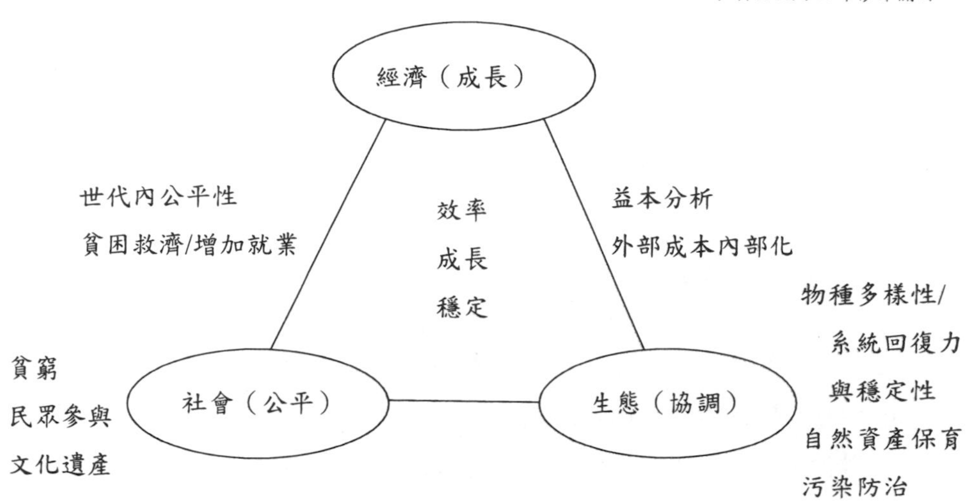

圖 8-2　永續發展整合性

聯合國二十一世紀議程（UN Agenda 21）第二十八章「支持《二十一世紀議程》的地方當局的倡議」第一節「行動依據」具體說明了地方當局（local authority）對落實永續發展的重要性：

> 由於「二十一世紀議程」探討的問題和解決辦法之中，有許多是起源於地方活動，因此地方當局的參與和合作將是實現其目標的決定因素。地方當局建設、運作和維護經濟、社會及環境基本設施，監督規劃過程，訂定當地環境政策和規章，並協助執行國家和次國家環境政策。由於它是最接近人民的政府一級，因此它們在教育、動員和回應公眾推動永續發展方面起重要的作用。

學者將上述要義分析為以下四項（張世賢，2004：137-140）：

1.有許多地球永續發展的問題根源於地方活動。

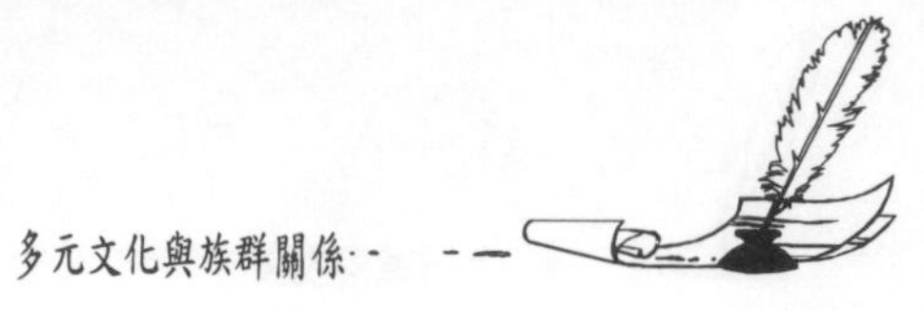

2.解決地球永續發展的問題必須從地方著手。

3.永續發展的工作必須由地方當局參與合作。

4.賦予地方當局永續發展的任務。

地方永續發展應如何使地方當局參與及合作呢？二〇〇〇年四月我國政府行政院永續會根據聯合國二十一世紀議程所制定的「二十一世紀議程——中華民國永續發展策略綱領」，除了揭示政府實踐永續發展的策略及永續台灣爲願景，也希望結合「地方自治」的概念，研擬「地方二十一世紀議程」，因爲永續發展所涵蓋的許多問題都起源於地方。而地方政府更負責經濟、社會及環境基本設施的興建、使用與維護，並協助執行國家的環境政策。因此地方政府是最接近人民的政府機構，其對教育、動員和呼應民眾推動永續發展有很大的影響力與作用。所以，各級地方政府應與當地民眾、社團和民間企業對話，透過協商，達成一致的意見，研擬並通過當地的「二十一世紀議程」(目前台灣省已有許多縣市通過地方二十一世紀議程)。

地方永續發展的實踐，固然是要從地方、社區、民眾來共同參與、共同推展，然而從族群關係來看，國內各族群如：閩、客、外省新住民等「漢族主體民族」與「原住民族」應共同研議協商，以夥伴合作關係去進行。

參、永續發展的族群關係策略：競存關係或夥伴關係

「永續發展」既然是關心我們共同的未來，當然必須使未來的各族群、各物種長存並有所發展，所謂「生物多樣性」的保存、繁衍及「萬物並育而不相害」。

然而，在物種的自然演化中，達爾文（Charles Robert Darwin）所提出的「物競天擇，適者生存」法則卻是生物界的普遍現象。達爾文於一八五九年發表《種源論》（*The origin of species by Means of Natural Selection*）一書，不僅在自然科學界具有重大的影響，在社會科學方面也出現「社會達爾文主義」（Social Darwinism）的思潮，認爲優勢的民族對弱勢民族有更大的競爭及生存的權利。例如白芝浩（Walter Bogehot）及甘博維支（L. Gumplowincz）所強調「最適合的團體得以生存」，形成強凌弱、眾暴寡的口實。（龍冠海主編，1976：106-107）

在民族生存發展方面，法國學者高比諾（Arthur de Gobineau）於一八五三至一八五五年間完成《人類種族不平等論》的著作，高氏一開始就提出了文明的「結束」這個命題：文明何以會滅亡？是如何滅亡的？他推翻了既存的若干觀點（制度、宗教、氣候的影響），證明它們不足以解釋文明的「結束」。然後，提出了他的新見解：種族問題。他指出，文明的衰落在於世代相傳的優良品質逐漸退化；文明只有在一國征服另一國時才得以發展。其後，英國之夏伯蘭（H. S. Chamberlain）及法國的人類社會學者拉布奇（Vacher de Lapouge）等人皆倡言「種族不平等」或「種族歧視」的觀點。（王君璧譯，1990：46-76）

相反地，從合作夥伴態度來處理永續發展的族群關係，就是要使各族群共存共榮，甚至是強勢族群應該對弱勢族群給予更多的支援（資源），使其迎頭趕上、並駕齊驅。印度聖雄甘地曾謂：如何對待弱者，就是一個社會文明的指標。因此觀察如何對待兒童、婦女、生物、環境、就知道該國家的文明程度。（王俊秀，2004：17）因此，要使地球文明永續發展下去，所應採取的策略絕不是「種族歧視」而是與弱勢族群共存共榮。羅馬俱樂部（The Club of Rome）有一段名言：「人類有個最顯而易見的缺點，就是太用心於處理眼前的事務，卻疏於關心將來可能產生的後果。」（引自黃瑞祺、黃之棟，2005：220）這些後果包括：一旦資源耗竭，無以爲繼；環境污染，難以回復；物種滅絕，無法復育；文明

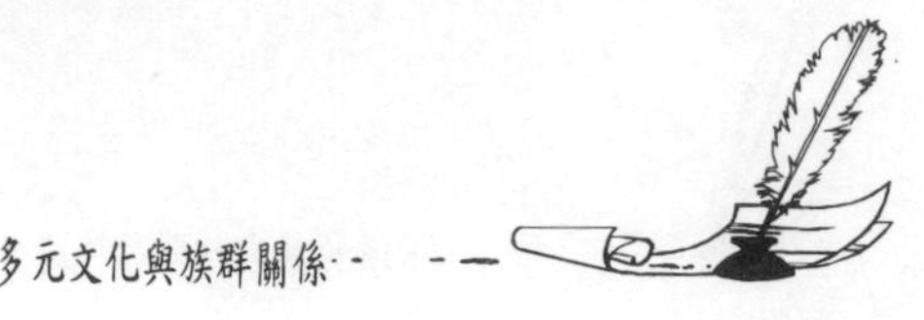

失落，終雖復振等等。

此外，受限於「本位」思想的束縛，許多人會偏執於某些成見，或常自行窄化其學說，例如「自然中心主義」者批判「人類中心主義」者的狹隘，卻宣稱：人需依賴自然才能生活；但沒有了人，自然（地球）仍然可以存在（黃瑞祺、黃之棟，2005：226）。但人類中心主義者反議：人的不存在，所有的文明、制度、活動，還與我們人的思考、研究、關懷有什麼關係呢？由此推論，當前對待族群關係，似乎也存在著本位與偏執，例如許多人對少數族群的危機未嘗關心與理解，認爲自然法則是「適者生存」；反之，也有特別強調某些少數族群的特殊權利，而忽略了整個國家社會的現實情況，因而容易產生族群權利的爭議和族群關係的緊張。（黃錦堂：2005）

原住民學者孫大川（2000：140）指出：一九八〇年代末期，聯合國相關的公約對「原住民」（Indigenous）的保護由引導式整合、同化的基本立場，轉爲「參與模式」，鼓勵各國政府尊重原住民文化的完整性。換句話說，在全球民族與人權的反省與思考中，人類逐漸體會到「現代化」進步概念中的反人權因素，因而更加注意原住民利益的整體性和自主性。一九八八年起，聯合國「原住民工作小組」（Working Group Indigenous Populations）負責草擬「聯合國原住民權利宣言」（U. N. Declaration on the Rights of Indigenous Peoples）。

從目前可以看到的「宣言」草案內容上看，它的確主張原住民擁有自決的權利（第三條）；在第六部分（第二十五條至三十條）更清楚地表達了原住民對「土地」及其有形、無形資產之擁有、開發等諸項權利。而「宣言」草案亦充分地意識到文化乃是一涵蓋甚廣的綜合概念，因而在第七條即明白指出「原住民有不遭受種族與文化滅絕之集體與個人權利」，這不僅包括禁止對原住民土地、人口、資源進行掠奪、侵害，更包含拒絕任何加諸其文化以及生活方式上同化或整合之措施。此一「原住民」概念綜合並總結了長久以來美國、加拿大、澳洲、紐西蘭等國原住民運動的成果，成爲「民族」概念的獨特發展。（孫大川，同上）

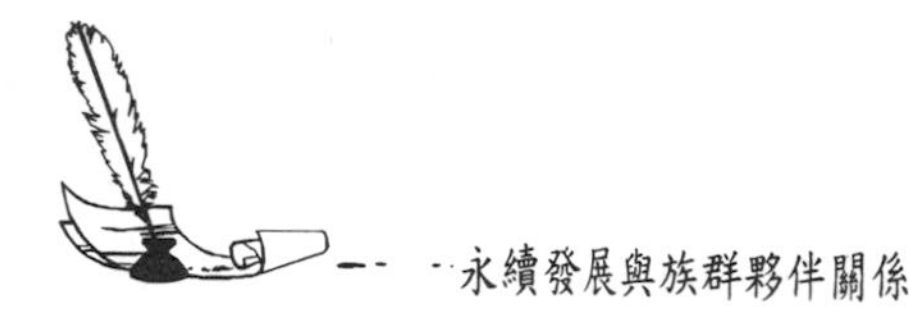

根據以上的立場與觀點，許多原住民朋友認爲：台灣通稱「閩、客、原、外」四大「族群」（也有將外籍勞工、配偶等納入第五族群）是不合理的，因爲「台灣原住民」當然不能僅僅是台灣「四大族群」之一，他是不同於閩、客、新住民的另一個「種族」，他們符合了聯合國「土著」或「原住民」概念的所有內容。正確的用法是：台灣只有兩大族群「原住民族」和「非原住民族」，即其他「漢人」爲主體的各族群或民系、方言群等（簡稱爲原／漢關係）。最具體的其實反映在最近通過的「原住民族基本法」，其中許多條文均呈現：政府／原住民族的兩個主體相互對待關係。也因爲認知的差異，台大黃錦堂教授以＜原漢分裂的原民政策＞，從法律觀點解析原住民／漢人關係，在法律制定與執行上應謹慎而有節度（黃錦堂，2005）。但卻也引發了原住民阿美族青年布達兒（漢名陳士章），「深表不以爲然」，並且認爲：「新政府與台灣原住民族所簽訂之『新夥伴關係協定』……對原住民權益所爲最明確且概括性之保障。」他還呼籲主流社會與論者的「胸襟」有多大，原住民「自治區」就有多大（布達兒，2005）。這種不同族群學者的認知差異，也反映出族群關係的理想面與現實面的矛盾。

其實，所謂夥伴關係（Partnership）係指兩個或兩個以上的個人或團體，經由協商合作的過程，共同致力於目標的達成。因此，「夥伴關係」可以解析爲下列意涵：第一、就對象或成員來說，包括兩個或兩個以上的個人或團體。例如兩人（以上）協力夥伴；兩個以上公司、政黨、族群、國家的合作結盟，政府、企業或民間的合作等等；第二、就過程而言：夥伴關係可以視爲一種共同合作的過程（Process）；第三、就原則而言：夥伴關係要融洽，要以「平等互惠」爲原則，才能維持，才能維持良好的關係；第四、就目標而言：夥伴關係有共同追求的理想目標。例如：漢人主體民族與原住民族的夥伴關係，即是建立在平等互惠，追求共存共榮的目標。

由以上競存關係與夥伴關係，可以歸納如表 8-1。

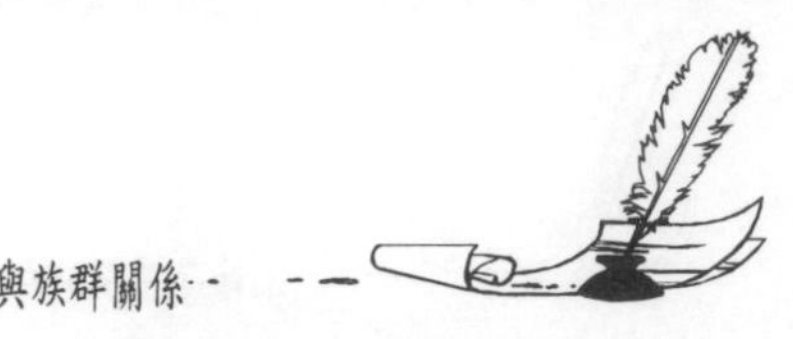

表 8-1　競存關係 VS．夥伴關係

內容 / 關係	哲學基礎	族群關係	影響結果	永續發展
競存關係	·自由放任主義 ·社會達爾文主義	優勝劣敗 適者生存	·正面： 效率、進步 ·負面： 缺乏溫暖 泯滅公理	不符合永續發展的倫理
夥伴關係	·平等主義、多元主義 ·博愛主義	平等尊重 共存共榮	·正面： 和諧互利 ·負面： 為協助弱者，某種程度上抑制強者	落實永續發展的 Agenda 21

資料來源：本文作者整理製作。

肆、「夥伴關係」中的兩種爭議：資源平等主義與原住居民權利主義

如前所述，物競天擇，適者生存的物種競爭原則，雖然盛極一時，並且轉化爲「社會達爾文主義」，造成強勢族群對弱勢族群的侵凌與支配。近代從公平正義的角度去思考，這種「競存關係」的族群對待，顯然是不合理，也是後患無窮的，例如：當美國小布希總統指控伊拉克甚至伊朗對美的威脅，進而要「解放」當地的人民，使之「自由」，實際上加深了民族仇恨，世界永無寧日。如以夥伴關係爲前提，平等尊重、共存共榮，透過協商來使爭議減低。

不過，族群之間的夥伴關係，並非容易劃清權利義務或法律規範，尤其處理強勢／弱勢族群；或主體民族／少數原住民族的生存環境永續發展，更有不同的看法，背後也存在著不同的「公平正義」哲學基礎。簡要言之，可以歸納為「資源平等主義」與「原住民權利主義」兩種：

一、資源平等主義者

固然肯認原住民的生存權利與環境權，問題是隨著現代人口劇增（尤其第三世界國家），都市化過程中鄉村的人口向城市移動，使現代化、都市化下的「邊緣人」愈來愈多，而且出現了社會最下層、最貧困的人民，政府即使透過社會福利政策也是杯水車薪，難以濟眾，更何況第三世界國家許多是財政窘困，無力濟貧。於是最積極的方法是鼓勵遷移：將人口過密的中心地區之城市貧民，移居於人口較稀少地區，而這些地區往往是原住民地區。例如：孟加拉國政府鼓勵人口過密中心地區貧民移居並開發吉達港山區，而此地區過去一直由各個藏緬原住民部族居住著；印尼政府也鼓勵某些爪哇公民開發和殖民於新幾內亞西部，此為傳統的巴布亞原住民族家園。這些移居政策及其引發的問題，受到學者的關注（Kymlicka, 2001: 134）。

資源平等主義者認為：任何集團、群體所擁有的資源，一方面要受到保護，另一方面也應有合理的限制，例如：巴西的印地安人，占總人口的 0.16%（六百分之一）但擁有 8.5%的土地（十二分之一），如果不讓其他貧窮的人有限度的移居生活，顯然也不合理。因此，「資源平等主義者或許會支持原住居民的土地要求，但是會對其限制，並附加條件，而不會認為這是他們（原住民）固有的權利。」（Kymlicka, 2001: 137）因為，原住居民所占據的土地屬於整個國家，應當用於謀所有人福利，包括原住居民和非原住居民，特別是那些最窮困的人。

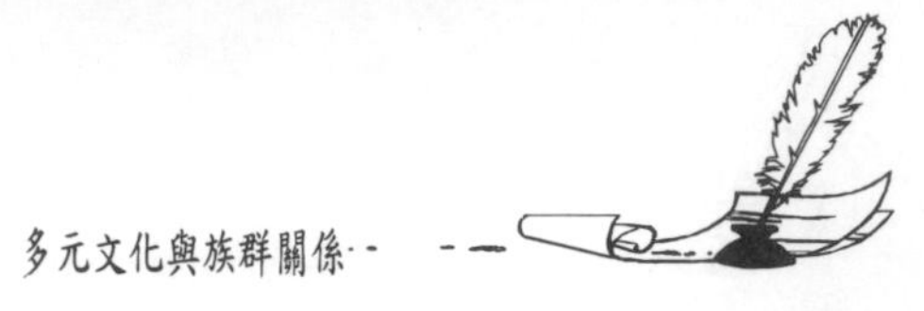

當然，或許有人認爲：應考慮原住居民對他們土地的依附關係，因此，資源平等或自然土地重分配的思考，會阻絕了原住民與其原有土地的依存關係；另外，若有人要求「地廣人稀」的原住民地區，有限度的分出部分國土歸窮困的人使用，一來既解決了窮困的問題，也爲原住民帶來了「繁榮」。但相對地，爲何城市中心的土地不能同樣的挪出一些重分配給原住民以求公平合理？

資源平等主義也對原住民保有土地的「歷史所有權」表示質疑，因爲：「誰先到就是誰的，這一觀點並非合理的公正理論。」（引自 Kymlicka, 2001: 148）兩項論證是：「我們不太清楚原住居民最初占據這片土地是否使用過暴力或欺詐？」如果是肯定的，則他們應屬無權占有？另一論證是：「先占先贏」是基於擁有更多可開放選擇的資源取得，問題是，現在已經沒有「無主土地」可供中心地區窮困的人去占有。因此，擁有廣大資源地區，適度的允許資源平等共享，是符合公平正義的。

二、原住民權利主義者從不同的角度思考

因爲原住民地區人口與自然本是「永續性」的共生關係，原住民的傳統耕種、狩獵有一定的規範節制，主要是爲「生存需要」而非「商品消費」，因此資源的復育再生，與人民的生活生存、相依相伴，幾千年下來他們沒有工業化、沒有現代化，卻能留下一片淨土，生態永續。反之，外來文明的移居者，對原住民的掠奪、屠殺和帶來疾病，使原住民人口快速銳減甚或滅絕。Kymlicka（2001: 135）引述了 Hemming（1987）的資料：「當歐洲殖民者第一次到達巴西時，據估計在那兒生活著二百至五百萬原住民。現在他們的數量只有二十萬人。」可見，強勢政府若仍以公平照顧貧困者爲理由，而將原住民土地開放分享，根本是不敢向有權、有錢的大企業財團要求「資源分享」，反而是利用原住民的弱勢來併吞分享他們所剩極少的土地與資源而已。（本文作者按：這是資本主義社會的

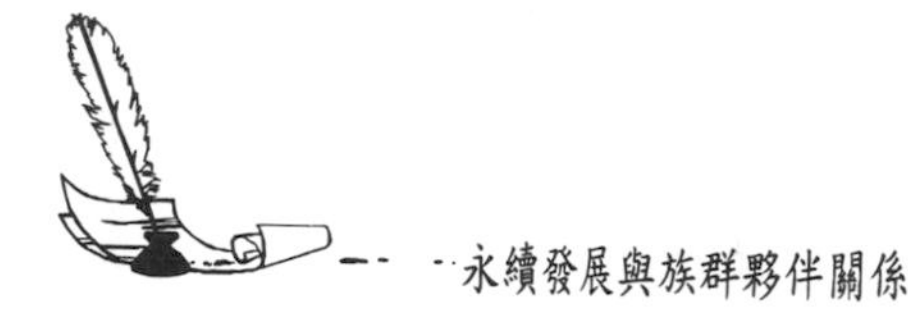

強權邏輯，資本主義政治經濟結構是，資本家或其代理人掌控國家機器，尤其是行政、立法部門，形成對企業財團有利的政策，必要時資本家還可用「投資外移」來威脅政府的決策）

原住民權利主義者還批評，許多資源平等主義要求有限度的開放原住民土地資源給予貧困窮人，並不能真正反映公平正義，只是反映貪婪和消費主義，因爲資源的開放未必真正使貧窮者受惠，反而是若干有辦法的商人居中牟利。原住民權利主義者，也有從生態保護的觀點立論，他們反對人類中心主義只考慮人類的生存需要，還須採「非人類中心主義」的道德理論：不僅承認人類的權利（如公平的享有資源），也應承認動物和大自然的生存需要。因而原住民保有其土地資源，不僅爲原住民的生存，還能提供其他動物與大自然的永續發展，間接地也使更多的城市居民或地球人類，有更好的空氣品質和接觸到大自然，享受休閒娛樂的環境，這樣的「資源平等」才是更廣調、更完整的公平思考。

Kymlicka 在討論「社區和社會公正」的議題時提出某些文化群體（包括原住民和其他族裔文化群體）要求他們對「權力」和「資源」都擁有特殊的權利，因此對待不同族群時，不僅要把「人」看作「社區中的個人」，而且也應看作「文化中的個人」。換言之，一個一個去數人頭，講公平與資源平等，無法反映出人口比例極低的弱勢族群，面臨文化消亡如何以人數分配「資源」和「權力」，因此，保障及維護他們擁有特殊的權利，是必須的，也是符合公平正義的。Kymlicka（2001: 142-150）提出三個論據：(1)文化相對主義；(2)少數群體的劣勢；(3)民族自決。略爲引述如下：

(一)文化相對主義

每一種文化均有其自己的公正標準和道德標準，都必須被承認是正當的，我們不應當以某種所謂「舉世公認」、「普世價值」（其實只是反映

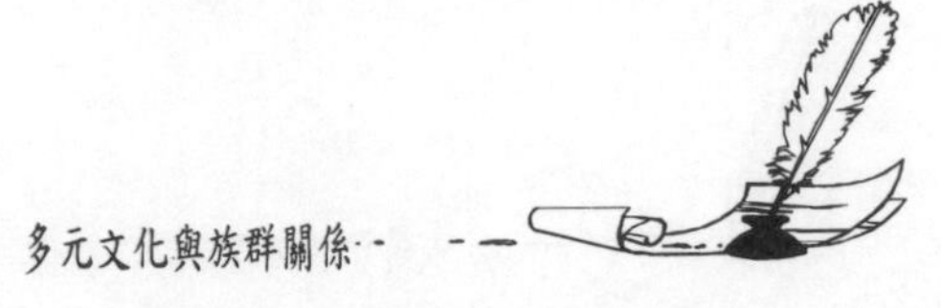

某些強權利益）爲基礎來干涉另一文化。此說的弱點是，文化相對主義者無法解決問題，每一個文化群體都可依自己的文化去理解而行事，此舉顯然會造成更多紛擾。

(二)少數群體的劣勢

此一論據認爲，原住民族是少數的社會與文化存在，處境堪慮，極易受到侵害而滅絕，因此必須特別加以保護。也就是在普遍的個人權利制度下（亦即一般基本人權保障），對某些群體所處不利地位和脆弱性進行補償。當然這種觀點也有人反對，因爲保障、優惠、補償……在某種程度上固然有提升弱勢者的「立足點」，增加競爭優勢，可是也會養成依賴，或被特殊化、標籤化的污名。

(三)民族自決

原住民在被納入國家統治之前，他們本來就有自己的制度與生活方式，他們是不得已、非自願的在現代國家形式下，被併入一個更大的聯邦或政治體，因此應保有一定的自決自治權利。

綜括本節所述，永續發展的族群關係，即使捨棄生存競爭策略，奉行「夥伴關係」，也存在著不同的兩種對待，或兩種不同公平正義哲學基礎，簡單歸納本節所述如表 8-2。

表 8-2　資源平等主義／原住民權利主義的比較

內容／兩種主義	哲學基礎	生態觀	資源分配	可能結果
資源平等主義	·自由平等的公平性。 ·雖肯認少數族群的生存權與環境權，但也關心其他貧困人民的普遍生存權與環境權。	人類中心主義的生態觀，每一個人、每一族群均有生存權。	土地及資源屬於整個國家，應為所有人謀福利，任何群體擁有的資源必須合理的限制，以求公平分配。	·土地及資源合理的開放給貧困者，可帶來共同繁榮。若貧困者陷於城市貧困，可能造成更嚴重的生態浩劫。 ·可能被貪婪投機、消費主義所抵消。
原住民權利主義	·文化相對主義的公正性。 ·少數族群有其特殊歷史文化傳統，有其族群脆弱性，易於滅絕，應給予特別權利與自治權。	生態中心主義的生態觀，除考慮人類權利，也應考慮動物與自然也有生存權利。	原住民與其土地有密切的依存關係，失其固有土地也就失去其生活存在與文化存在。	·反對開放原住民資源，因將造成環境破壞與資源被強權掠奪。 ·在現實的政經體制下可能引發政府與族群爭議。

資料來源：本文作者整理。

伍、結論

根據聯合國「地球高峰會議」所提出的《二十一世紀議程》(*Agenda 21*) 對原住民環境生態之永續發展，特別指出：「全球必須認知：原住民的土地，應免受破壞；他們依賴的傳統永續耕作、再生資源與生態系統，是其文化、經濟、物質福祉的根本。」(林文政譯，1994：295) 因此，在該會議決議中提出的計畫與行動包括：「政府應立法明訂原住民的權利

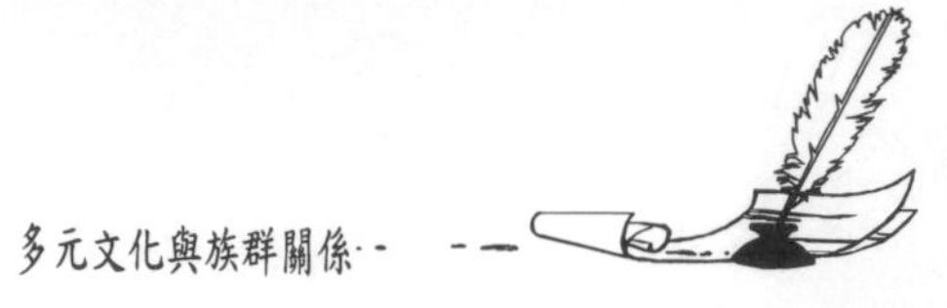

和義務」、「保護原住民智慧和文化財產、保留傳統運作和管理系統」(前揭書，頁 296)。因此，在思考地方永續發展與族群權利時，必須採較寬廣的視域，以同理心去對待弱勢族群的處境，而不是從主體民族的思維或民主法治出發而已。

台灣地區原住民的生存發展與生態保育，之所以產生兩難的抉擇，其原因即在於一直受到資本主義及社會達爾文主義的「自由競爭」、「適者生存」邏輯所支配，換言之，如果弱勢族群和主體民族間（原住民和漢人間）奉行的是「競存關係」，則占人口優勢、政經地位優勢的漢人（非原住民），即會將其權力與利益擴大到原住民的區域，並且不能持同理心對待那些處於弱勢地位的族群。例如，台灣「核廢料」無地貯存，就選擇蘭嶼（該地區爲原住民達悟族居住區）存放。又如二〇〇四年一連串的颱風及水災（七、九月），南投縣山地鄉土石流造成原住民田園房舍倒塌及道路中斷。然而，執政者卻持「尊重自然，不予修護」的策略。固然因爲部落地區的自然環境不易維修保持，回歸自然風貌也是一種生態保育與水土保持的方法，但是，先決條件是要對部落原住民的居住與生活、生存條件進行安置，並且全盤思考「非原住民」經濟入侵與族群差異的「結構性」困境，而不是只苛責於居住環境脆弱地區的原住民族。（如果有能力、有機會，原住民也希望享受富裕城市中的物質繁榮）否則，要部落原住民離開其土地，又無適當的就業機會，豈非加速其族群的滅亡。

轉換角度思考，如果執政者或主體民族，對待弱勢族群（如原住民），能以「夥伴關係」爲出發，則「人饑己饑，人溺己溺」，他們是我的兄弟姊妹，應義不容辭的保障其族群文化、生活方式，並提供其經濟發展與社會福利之更有利條件，使各族群間平等尊重、相互扶持、共存共榮。以免得致使原住民除了穿著傳統服飾，號召族人到總統府前「凱達格蘭大道」(而此一道路係以原住民來命名）去抗議、去示威，或是宣稱要「出草」，徒然加深彼此間的沉默與哀愁。

本文認爲：「地方永續發展」的特色，在於地方各族群的共存共榮；自然生態保育、環境保護、經濟社會發展兼籌並顧。要達到這個理想，

至少需要從以下各個層面去反省與思考：

第一、國家係由各地方、各族群所共同建構的，如果一國之內有些地區、有些族群處於較不利的地位，國家機器或執政者，乃至社會大眾，有責任也有義務，保障這些最少利益與最低條件的地區或族群，獲得更多的資源、更好的生存發展機會，而不是單純的從政治上的「選票多少」來考量；或從經濟上的「成本效益」分析。唯有如此，社會的「公平正義」才能彰顯。

第二、政府與主體族群，對待其他弱勢族群應揚棄「競存關係」，不該「強凌弱，眾暴寡」，而是「夥伴關係」的「繼絕舉廢，濟弱扶傾」。進一層申論，族群的「夥伴關係」也存在著「資源平等主義」與「原住民權利主義」的爭議：究竟對於弱勢的原住民與對其他貧困的非原住民，要資源共享，尋求普遍平等公正，還是要考慮原住民歷史文化差異，其族群文化存在與土地依附有密不可分的關係。因此二〇〇五年一月通過之「原住民族基本法」所呈現的政府與原住民族關係，有許多授權立法「另以法律定之」，而實際執行時，如何使各級政府或非原住民，面對原住民基於其傳統文化或「原住民族基本法」所概括規定下的自治權和特別權利，不致於發生矛盾與爭執，也是未來將遭遇的問題。

第三、從對待原住民族的關係引申到對待其他弱勢族群如：婦女、兒童、殘障者……，也應有相同的「夥伴關係」邏輯，鼓勵充分對話、共同參與；保障其特殊的權益，肯認多元文化主義的尊重與關懷，才能創造更和諧的國家與社會。

總之，長期以來「物競天擇」自然演化之理，被濫用到人群間，而形成「社會達爾文主義」的偏見與侵奪，而「人類中心主義」的思維，總以為「人為萬物之靈」，人類可以征服自然，宰制萬物。（Pojman, 1994: 5；曾建平，2004）這些觀念如不改變，人與自然、民族與民族間，都會衝突不斷。美國生態保育之父李奧帕德（Aldo Leopold）主張，建立能夠與自然界所有成員（包括土壤、植物、動物、水）合作共生的「土地倫

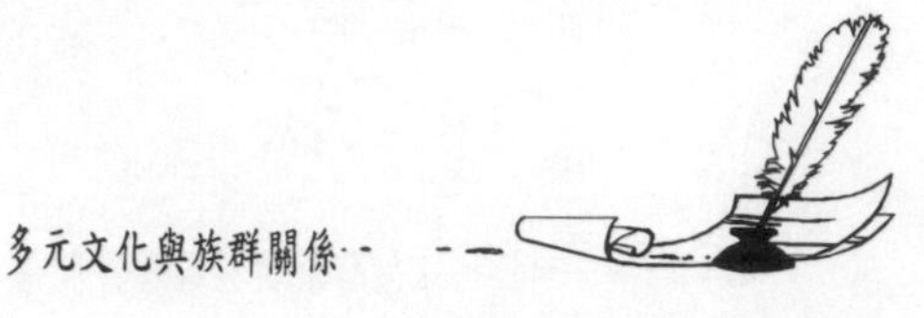

理」，以期能夠保存生物社群的完整、穩定和美麗，享受大自然中的樂趣（吳美真譯，1999：281）。他的學生科利克（J. B. Callicott）進一步從土地倫理中深化爲「生態中心倫理學」，認爲人類與自然生態都有其生存的權利。（Callicott, 1992: 129-143）中國傳統思想更以順應自然、返璞歸真爲道家的主要精神；而儒家的《中庸》及《易經》的「生命哲學」，幾乎都主張「萬物生生不已」、「萬物並育而不相害」的生態正義（Ecological Justice），以追求「道並行而不相背」、「與天地合其德，與日月合其明，與四時合其序……」的境界。如果能從這種廣大高明的境界去看待永續發展，則共存共榮的「夥伴關係」，不僅適用於人類、族群，也可推展於自然生態。

參考書目

一、中文部分

王之佳、柯金良等譯（1992），《我們共同的未來》，台北：台灣地球日出版社，三版。

王若璧譯（1990），Francois de Fontette 著，《種族歧視》，台北：遠流出版，初版一刷。

王俊秀（1999），《全球變遷與變遷全球》，台北：巨流圖書，一版。

王俊秀（2004），〈永續台灣的社會願景：民間觀點〉，載中壢：中央大學《社會文化學報》18：1-20。

布達爾（2005），〈胸襟多大，自治區多大〉，載《中國時報》，94 年 8 月 4 日 A15 版。

李永展（1999），〈永續發展：願景或迷思〉，發表於革命實踐研究院主辦之：「轉型與發展──邁向新世紀的台灣」學術研討會，台北：政大公企中心 12 月 11、12 日。

吳美真譯（1999），Aldo Leopold 著，《沙郡年記》，台北：天下文化，一版八印。

林文政譯，Daniel Sitarz (ed) (1995)，《綠色希望：地球高峰會議藍圖》（The EarthSummit Strategy to Save Our Planet），亦即《二十一世紀議程》（Agenda 21），台北：天下出版社，一版二印。

孫大川（2000），《夾縫中的族群建構：台灣原住民的語言、文化與政治》，台北：聯合文學出版公司出版。

陶在樸（1998），《地球文明的永續發展》，台北：中華徵信所，初版。

張世賢（2004），〈聯合國推動永續發展的策略分析〉，載翁興利主編：《中國行政評論》13（2），台北：中華民國公共行政學會印行，頁135-156。

曾建平（2004），《自然之思：西方生態倫理思想探究》，北京：社會科學出版社，一版一印。

黃瑞祺、黃之棟（2005），《綠色馬克思主義》，台北：松慧公司出版。

黃錦堂（2005），〈原漢分裂的原民政策？〉，載《中國時報》，94 年 8 月 2 日 A15 版。

廖俊松（2004），〈地方廿一世紀永續發展之策略〉，載翁興利主編：《中國行政評論》13（2），台北：中華民國公共行政學會印行，頁183-212。

劉阿榮（1998），〈儒家思想與永續發展〉，載中壢：中央大學《社會文化學報》7：1-24。

龍冠海主編（1976），《雲五社會科學大辭典》，第一冊《社會學》，台北：商務印書館，二版。

二、英文部分

Callicott, J. B. (1992), ‘‘Rolston on Intrinsic: A Deconstruction’’, *Enrionmental Ethics*, (14), pp.129-143.

Kymlicka, Will (2001), *Politics in the Vernacular Nationalism, Multiculturalism and Citizenship.* New York, Oxford University Press.

Munasinghe, Mohan (1993), *Environmental Economics and Sustainable development.* Washington, D. C. World Bank.

Pojman, Louis P. (ed.) (1994), *Environmental Ethics: Readings in Theory and Application*. Boston: Jones and Bartlett Punlishers.

World Commission on Environment and Development (WCED) (1987), *Our Common Future*. Oxford: Oxford University Press.

國家圖書館出版品預行編目資料

多元文化與族群關係／劉阿榮主編. -- 初版.
-- 臺北縣深坑鄉：揚智文化, 2006[民 95]
面；　公分

ISBN　978-957-818-800-6(平裝)

1.多元文化 － 臺灣 － 論文,講詞等　2.族群問題 － 臺灣 － 論文,講詞等

541.262　　　95021813

多元文化與族群關係

主 編 者／劉阿榮
出 版 者／揚智文化事業股份有限公司
發 行 人／葉忠賢
登 記 證／局版北市業字第 1117 號
地　　址／台北縣深坑鄉北深路三段 260 號 8 樓
電　　話／(02)2664-7780
傳　　真／(02)2664-7633
E-mail ／service@ycrc.com.tw
郵撥帳號／19735365
户　　名／葉忠賢
印　　刷／鼎易印刷事業股份有限公司
ISBN ／978-957-818-800-6
初版一刷／2006 年 12 月
定　　價／新台幣 250 元